Sammlung
Aufserdeutscher Strafgesetzbücher
in deutscher Übersetzung.

Herausgegeben von den Schriftleitungen
der
Zeitschrift für die gesamte Strafrechtswissenschaft
und der
Mitteilungen der Internationalen Kriminalistischen Vereinigung.

XXVII.

Neueste Englische Kriminalpolitik.

1. Children Act, 1908.
2. Prevention of Crime Act, 1908.
3. Probation of Offenders Act, 1907.

Übersetzt
von Staatsanwalt **Dr. Ernst Rosenfeld.**

BERLIN 1909.
J. Guttentag, Verlagsbuchhandlung,
G. m. b. H.

Die Sammlung außerdeutscher Strafgesetzbücher enthält bisher die folgenden Übersetzungen als Beilagen zu der **„Zeitschrift für die gesamte Strafrechtswissenschaft"** oder zu den **„Mitteilungen der Internationalen Kriminalistischen Vereinigung"**:

I. **Niederländisches** Str.G.B. v. 3. März 1881; **Französisches** Prefsgesetz v. 29. Juli 1881; **Österreichisches** Wuchergesetz v. 28. Mai 1881 (Zeitschrift Bd. 1).

II. **Dänisches** Militär-Str.G.B. v. 7. Mai 1881; **Schwedisches** Militär-Str.G.B. v. 7. Oktober 1881 nebst Einführungsgesetz u. Disziplinar-O. f. d. Kriegsmacht (Zeitschrift Bd. 2.)

III. **Italienisches** Ges. betr. die polit. Wahlen v. 22. Januar 1882 Art. 86—97 (Strafbestimmungen); **Ungarisches** Wuchergesetz v. 27. April 1883; **Niederländisches** Ges. z. Bekämpfung d. Trunksucht v. 28. Juni 1881 (Zeitschrift Bd. 3).

IV. **New Yorker** Str.G.B. v. 26. Juli 1881 (Zeitschrift Bd. 4.)

V. **Norwegische** Str.Proz.O. v. 1. Juli 1887 (Zeitschrift Bd. 9.)

VI. **Italienisches** Str.G.B. u. Ges. betr. öffentliche Sicherheit vom 30. Juni 1889 (Zeitschrift Bd. 10).

VII. **Finnländisches** Str.G.B. v. 19. Dezember 1889 u. Verordn. üb. d. Strafvollstreckung (Zeitschrift Bd. 11).

VIII. **Mexikanisches** Str.G.B. v. 7. Dezember 1871 (Zeitschrift Bd. 14).

IX. **Norwegisches** Ges. betreffend d. Behandlung verwahrl. Kinder v. 6. Juni 1896 (Zeitschrift Bd. 17).

X. Vorentwurf z. **Schweizerischen** Str.G.B. (Mitt. Bd. VI).

XI. Entwurf z. **Norwegischen** Str.G.B. (Mitt. Bd. VII).

XII. **Bulgarisches** Str.G.B. v. 2. Februar 1896 (Zeitschrift Bd. 18).

XIII. **Ungarische** Str.Proz.O. v. 4. Dezember 1896 (Zeitschr. Bd. 19).

XIV. Vorentwurf z. **Japanischen** Str.G.B. (Zeitschrift Bd. 20).

XV. **Chilenisches** Str.G.B. v. 1. März 1875 nebst Ergänzungs-Ges. (Zeitschrift Bd. 20).

XVI. **Dänisches** Str.G.B. v. 10. Februar 1866. **Dänisches** Ges. betr. Gewalt gegen schuldlose Personen vom 11. Mai 1897 (Zeitschrift Bd. 21).

XVII. **Bulgarische** Str.Proz.O. v. 3. April 1897 (Zeitschrift Bd. 22).

XVIII. **Norwegisches** Militär-Str.G.B. und Militär-Str.Proz.O. und **Norwegische** Str.Proz.O., Änderungs-Ges. v. 1902 (Mitt. Bd. XI).

XIX. **Portugiesisches** Str.G.B. v. 16. September 1886 (Zeitschr. Bd. 24).

XX. **Norwegisches** Str.G.B. v. 22. Mai 1902 und **Norwegisches** Ges. gegen Arbeitsscheu u. Trunksucht v. 1900 (Mitt. Bd. XII).

XXI. **Ottomanische** Str.Proz.O. v. 25. Juni 1879 (Mitt. Bd. XII).

XXII. **Dänisches** Gesetz v. 1. April 1905 (sogen. **Prügelgesetz**) nebst Ausführungsbestimmungen (Mitt. Bd. XIII).

XXIII. **Japanisches** Str.G.B. vom 23. April 1907. (Zeitschr. Bd. 28.)

XXIV. **Russisches** Str.G.B. vom 22. März 1903 (Zeitschr. Bd. 28).

XXV. **Österreichischer** Gesetzentwurf betr. die strafrechtl. Behandlung u. d. strafrechtl. Schutz Jugendlicher, 1907 (Mitt. Bd. XV).

XXVI. **Spanisches** Str.G.B. vom 17. Juni 1870.

XXVII. Neueste **Englische** Kriminalpolitik. 1. Children Act, 1908. 2. Prevention of Crime Act, 1908. 3. Probation of Offenders Act, 1907. (Mitt. Bd. XVI.)

Children Act, 1908

[8 Edw. 7. Ch. 67]

Kinder-Gesetz vom Jahre 1908

[No. 67. Im 8. Regierungsjahre Eduard VII].

Reihenfolge der Paragraphen.

Abschnitt I.

Schutz des Lebens kleiner Kinder.

Abschnitt II.

Schutz der Kinder und jugendlichen Personen vor Mifshandlung.

Mifshandlung von Kindern und jugendlichen Personen.

Andere Vergehen gegenüber Kindern und jugendlichen Personen.

Seite

Abschnitt III.

Das Rauchen der Jugend.

Abschnitt IV.

Besserungs- und Erziehungsanstalten.

Auslegungsvorschriften.

Genehmigung und Beaufsichtigung der Anstalten.

Pflichten und Rechte der Anstaltsleiter.

Die Art der Überweisung und die Behandlung von Rechtsbrechern und Kindern in Besserungs- und Erziehungsanstalten.

Seite

Abschnitt V.

Jugendliche Rechtsbrecher.

Abschnitt VI.

Verschiedenes. Allgemeine Bestimmungen.

Verschiedenes.

Gesetz No. 67

vom 21. Dezember 1908.

Ein Gesetz behufs Zusammenfassung und Verbesserung der Gesetzgebung betreffend den Schutz von Kindern und jugendlichen Personen, Erziehungs- und Besserungsanstalten, jugendliche Rechtsbrecher, sowie anderweit behufs Verbesserung der Gesetzgebung bezüglich der Kinder und jugendlichen Personen.

Abschnitt I.

Schutz des Lebens kleiner Kinder.

§ 1.

1. Wer gegen Entgelt das Halten eines oder mehrerer Kinder unter sieben Jahren, welche von den Eltern getrennt sind oder keine Eltern haben, übernimmt, hat dies binnen 48 Stunden seit Empfang des Kindes der Ortsbehörde schriftlich anzuzeigen.

Diese Bestimmung findet jedoch keine Anwendung, falls das Halten nur für einen Zeitraum von 48 Stunden oder weniger erfolgt.

2. Übernimmt jemand gegen Entgelt ein bisher von ihm unentgeltlich gehaltenes Kind, so gilt im Sinne vorstehender Bestimmung der Zeitpunkt der Übernahme gegen Entgelt als der des Empfanges des Kindes.

3. Die Anmeldung hat zu enthalten: Namen, Geschlecht, sowie Datum und Ort der Geburt des Kindes, Namen der Person, welche das Kind übernimmt, Wohnung, in welcher das Kind gehalten wird, sowie Namen und Adresse der Person, welche das Kind in Pflege gegeben hat.

4. Sobald jemand, der ein solches Kind hält, seine Wohnung wechselt, hat er dies binnen 48 Stunden der Ortsbehörde schriftlich anzuzeigen; befindet sich die neue Wohnung in dem Bezirke einer anderen Ortsbehörde, so hat er bei dieser in betreff eines jeden von ihm gehaltenen Kindes die gleichen Angaben wie bei der ersten Anmeldung zu machen.

5. Stirbt das Kind oder wird es von der Person, welche es hält, entfernt, so hat diese binnen 48 Stunden der Ortsbehörde den Tod oder die Entfernung anzuzeigen, im letzteren Falle auch den Namen

und die Wohnung der Person anzugeben, zu welcher das Kind gebracht ist.

6. Wer vor dem Inkrafttreten dieses Gesetzes ein anmeldepflichtiges Kind gehalten hat und es bei dem Inkrafttreten des Gesetzes hält, hat die erforderliche Anmeldung binnen eines Monats nach dem Inkrafttreten dieses Gesetzes vorzunehmen.

Diese Vorschrift jedoch:

a) findet keine Anwendung auf Fälle, wo die Anmeldung bereits in Gemäßheit der bisherigen Vorschriften des Infant Life Protection Act, 1897 erfolgt war;

b) befreit niemanden, der auf Grund dieser bisherigen Vorschriften zur Anmeldung verpflichtet war, von einer Strafe, die er sich wegen solcher Nichtanmeldung zugezogen hat.

Unter diesen Voraussetzungen finden die Vorschriften dieses Abschnittes auf die vor dem Inkrafttreten des Gesetzes gegen Entgelt gehaltenen Kinder die gleiche Anwendung wie sie sie nach dem Inkrafttreten auf gegen Entgelt gehaltene Kinder haben, und eine gemäß den Vorschriften der Infant Life Protection Act, 1897 erfolgte Anmeldung gilt als Anmeldung im Sinne dieses Abschnittes.

7. Wer die rechtzeitige Anmeldung unterläßt, macht sich strafbar. War für das Halten des Kindes ganz oder zum Teil eine pauschale Abfindungssumme gegeben, so hat die Person, welche die Anmeldung unterlassen hat, außer der vorgesehenen Strafe eine Geldsumme verwirkt, deren Höhe der mit der Sache befaßte Gerichtshof festsetzt. Die so verwirkte Summe ist gemäß der Anordnung des Gerichts im Interesse des Kindes zu verwenden. Die Beitreibung der Summe erfolgt in gleicher Weise, als ob die Geldsumme im Klagewege erstritten wäre.

§ 2.

1. Pflicht jeder Ortsbehörde ist es, für die Durchführung vorstehender Bestimmungen zu sorgen; zu diesem Behufe hat sie von Zeit zu Zeit nachzuforschen, ob sich in ihrem Bezirke Personen aufhalten, welche anmeldepflichtige Kinder halten.

2. Befinden sich in dem Bezirke einer Ortsbehörde Personen, welche anmeldepflichtige Kinder halten, so hat die Ortsbehörde eine oder mehrere männliche oder weibliche Personen als Kinderschutzbesucher (infant protection visitors) anzustellen, deren Aufgabe es ist, die in Rede stehenden Kinder und die Wohnungen, in denen sie gehalten werden, von Zeit zu Zeit aufzusuchen, um sich zu überzeugen, daß die Kinder ordentlich gehalten werden, oder um erforderlichenfalls mit Rat oder Anweisungen, das Halten betreffend, einzugreifen.

Neben oder anstelle dieser Kinderschutzbesucher kann die Ortsbehörde eine oder mehrere männliche oder weibliche geeignete Personen schriftlich mit der gleichen Aufgabe betrauen und die näheren Bestimmungen und Bedingungen in der Bestallung festsetzen;

sie kann auch, falls in ihrem Bezirke Kinder von einem wohltätigen Vereine in Pflege gegeben sind. den Verein mit der Aufgabe eines Kinderschutzbesuchers betrauen, vorausgesetzt, daß die Interessen des Kindes genügend gewährleistet sind. Der Verein hat jedoch der Ortsbehörde periodisch Bericht zu erstatten.

3. Mehrere Ortsbehörden können sich zusammentun, um die Bestimmungen dieses Gesetzes durchzuführen und die Kosten gemeinsam zu tragen.

4. Die Ortsbehörde kann bestimmte Wohnungen, welche so geführt scheinen, daß Revisionen nicht erforderlich sind, unbedingt oder unter gewissen Bedingungen von Revisionen ausnehmen.

5. Wer ein Kind hält und dem amtlichen Besucher den Zutritt zum Kinde oder zu dem Raume, wo es gehalten wird, verweigert, macht sich strafbar.

6. Der amtliche Besucher, dem der Zutritt verweigert wird, oder der Grund zur Annahme hat, daß in irgend welchen Räumen ein Kind unter sieben Jahren entgegen den Vorschriften dieses Gesetzes gehalten wird, kann die Hilfe des Richters anrufen. Besteht für diesen auf Grund einer schriftlichen Versicherung an Eidesstatt begründete Annahme, daß gegen die bestehenden Vorschriften verstoßen ist, so kann er den amtlichen Besucher mittels schriftlicher Vollmacht ermächtigen, die fraglichen Räume zu betreten, um festzustellen, ob tatsächlich ein Verstoß vorliegt. Der Inhaber der Wohnung, welcher dem auf Grund der richterlichen Ermächtigung handelnden amtlichen Besucher den Zutritt erschwert oder verweigert, macht sich strafbar.

§ 3.

Ohne schriftliche Erlaubnis der Ortsbehörde dürfen anmeldepflichtige Kinder nicht gehalten werden:

a) von einer Person, welcher bereits auf Grund der Bestimmungen dieses Abschnittes oder des Infant Life Protection Act, 1897 ein Kind fortgenommen worden ist,

b) in Räumen, aus welchen, weil sie gefährlich oder ungesund, bereits ein Kind auf Grund der Bestimmungen dieses Abschnittes oder weil sie so ungeeignet, daß sie gesundheitsgefährlich sind, ein Kind auf Grund des Infant Life Protection Act entfernt ist,

c) von einer Person, welche wegen eines Verstoßes gegen die Bestimmungen von Abschnitt II dieses Gesetzes oder des „Prevention of Cruelty to Children Act, 1904“ bestraft worden ist.

Wer vorstehenden Bestimmungen zuwider ein Kind hält oder halten läßt, macht sich strafbar.

§ 4.

Die Ortsbehörde kann die Zahl der Kinder unter sieben Jahren festsetzen, welche in der betreffenden Wohnung untergebracht werden darf; wer über diese Zahl hinaus ein Kind hält, macht sich strafbar.

§ 5.

1. Wird ein anmeldepflichtiges Kind:

a) in überfüllten, gefährlichen oder ungesunden Räumen, oder

b) von einer wegen ihrer Liederlichkeit, Unwissenheit, Trunkenheit, Sittenlosigkeit, sträflichen Aufführung oder aus anderen ähnlichen Gründen ungeeigneten Person, oder

c) sonst von irgend einer Person oder in irgend welchen Räumen den bestehenden Vorschriften zuwider

gehalten, so kann sich der amtliche Besucher von einem Richter oder von der Ortsbehörde anweisen lassen, das Kind an einen sicheren Ort zu bringen, bis es seinen Verwandten zurückgegeben oder anderweitig gesetzmäßige Bestimmung über dasselbe getroffen werden kann.

2. Wer solchem Befehle, wenn er ihm vorgezeigt und vorgelesen wird, nachzukommen sich weigert oder den amtlichen Besucher an der Ausführung des Befehles hindert oder hindern läßt, macht sich strafbar.

a) War der Befehl von einem Richter erlassen, so kann seine Durchführung von dem amtlichen Besucher oder jedem Polizeibeamten erzwungen werden.

b) War der Befehl von der Ortsbehörde erlassen, so kann der amtliche Besucher von jedem Richter den Befehl zur Entfernung des Kindes erwirken. Die Durchführung dieses Befehls kann von dem amtlichen Besucher oder jedem Polizeibeamten erzwungen werden.

§ 6.

1. Stirbt ein anmeldepflichtiges Kind, so hat die Person, welche das Kind gehalten hat, den Tod binnen 24 Stunden bei dem örtlich zuständigen Kronbeamten (coroner) schriftlich anzuzeigen; dieser hat eine Untersuchung einzuleiten, es sei denn, daß ihm das Attest einer geprüften Medizinalperson vorgewiesen wird, welches bescheinigt, daß sie das Kind persönlich während seiner letzten Krankheit behandelt hat, und welches die Todesursache näher bezeichnet, und daß der Kronbeamte hinreichenden Anlaß hat, eine Untersuchung für nicht erforderlich zu halten.

2. Wer die vorgeschriebene rechtzeitige Anmeldung des Todes unterläßt, macht sich strafbar.

§ 7.

Wer ein anmeldepflichtiges Kind hält, gilt im Sinne des Lebensversicherungsgesetzes (Life Assurance Companies Act, 1774) als Nichtversicherungsnehmer. Versichert er gleichwohl oder versucht er das Leben des Kindes mittelbar oder unmittelbar zu seinen Gunsten zu versichern, so macht er sich strafbar; desgleichen macht sich diejenige im Sinne der Versicherungsgesetze aus den Jahren 1870 bis

1872 als Lebensversicherungs-Gesellschaft anzusprechende ebenso wie jede andere Gesellschaft oder Person strafbar, welche wissentlich auf das Leben eines Kindes zu Gunsten dessen, der es hält, eine Police ausstellt oder die Ausstellung einer solchen bewirkt oder zu bewirken unternimmt.

§ 8.

1. Wer nach den vorstehenden Vorschriften zur Anmeldung verpflichtet ist, jedoch in dieser Anmeldung wissentlich oder vorsätzlich falsche Tatsachen angibt oder einen anderen veranlaßt oder bestimmt, falsche oder irreführende Tatsachen in der Anmeldung anzugeben, macht sich strafbar.

2. Jede nach vorstehendem vorgeschriebene Anmeldung kann durch die Post in eingeschriebenem Brief an den zuständigen Beamten der Ortsbehörde oder, im Falle sie bei dem Kronbeamten zu erfolgen hat, an diesen gesandt werden; sie kann auch in dem Geschäftslokale der Ortsbehörde oder bei Anzeigen an den Kronbeamten in dessen Geschäftslokal oder Wohnung abgegeben werden.

§ 9.

1. Wer gegen die Vorschriften dieses Abschnittes verstößt, wird im Wege des summarischen Verfahrens*) mit Gefängnis bis zu 6 Monaten oder mit einer Geldstrafe bis zu 25 Pfund bestraft, auch kann das Gericht anordnen, daß das betreffende Kind an einen sicheren Ort gebracht werde.

2. Geldstrafen, welche auf Grund der Bestimmungen dieses Abschnittes erkannt werden, fließen, ungeachtet anderweitiger Vorschrift in anderen Gesetzen, in die Kasse der Ortsbehörde und sind für die Zwecke der Gemeinde zu verwenden.

§ 10.

1. Ortsbehörde im Sinne der Bestimmungen dieses Abschnittes sind:

a) für die Grafschaft London (mit Ausnahme des Stadtinnern) (City): der Grafschaftsrat (County Council),

b) für das Stadtinnere (City) von London: der Stadtrat (Common Council),

c) für das übrige England: die Armenverbände (guardians of the poor law union).

2. Alle Ausgaben, welche die Ortsbehörden in Ausführung vorstehender Bestimmungen machen, sind zu zahlen

a) für die Grafschaft London aus der Grafschaftskasse als allgemeine Ausgaben der Grafschaft,

---

*) Summarisches Strafverfahren in England von Dr. Paul Liepmann. Berlin (J. Guttentag) 1908. (Beiträge zur Reform des Strafprozesses, Bd. II Heft 2).

b) für das Stadtinnere von London: aus der Stadtkasse (general rate),

c) für das übrige England: aus den Gemeindekassen (common fund).

§ 11.

1. Die vorstehenden Bestimmungen finden keine Anwendung auf Fälle, wo Verwandte oder Vormünder die Pflege eines Kindes übernehmen, ebensowenig auf Fälle, wo ein Kind auf Grund armenrechtlicher Vorschriften in Pflege gegeben wird, endlich auch nicht auf Krankenhäuser, Erholungsheime oder andere Anstalten, welche sich mit Kinderschutz befassen und in religiösem oder charitativem Sinne geleitet werden, noch auf Alumnate, wo für hinreichenden Elementarunterricht gesorgt ist.

2. Unter Verwandten im Sinne des vorstehenden Absatzes sind zu verstehen: Großeltern, Geschwister, Oheime und Tanten und zwar sowohl blutsverwandte, wie verschwägerte; bei unehelichen Kindern die Personen, welche so verwandt oder verschwägert wären, wenn das Kind ehelich wäre.

Abschnitt II.

Schutz der Kinder und jugendlichen Personen vor Mifshandlung.

Mißhandlung von Kindern und jugendlichen Personen.

§ 12.

1. Eine über 16 Jahre alte Person, welche ein Kind oder eine jugendliche Person, die sie in Gewahrsam oder Pflege hat, vorsätzlich körperlich verletzt, mißhandelt, vernachlässigt, im Stiche läßt oder aussetzt, oder welche duldet oder bewirkt, daß solches und zwar in einem Grade geschehe, daß dadurch dem Pflegling in unzulässiger Weise Schmerz oder Schaden an der Gesundheit (auch Beeinträchtigung oder Verlust des Sehvermögens, des Gehörs, eines Gliedes oder anderen Körperorganes sowie jeder geistigen Störung) zugefügt wird, begeht ein Vergehen.

Wer sich eines solchen Vergehens schuldig macht, wird bestraft:

a) wenn die Aburteilung im ordentlichen Verfahren (on indictment) erfolgt, mit einer Geldstrafe bis zu 100 Pfund, neben oder anstelle welcher, ebenso im Falle der Nichtzahlung, auf eine Gefängnisstrafe mit oder ohne harte Arbeit bis zu 2 Jahren erkannt werden kann,

b) wenn die Aburteilung im summarischen Verfahren erfolgt, mit einer Geldstrafe bis zu 25 Pfund, neben oder anstelle welcher, ebenso im Falle der Nichtzahlung, auf eine Gefängnisstrafe mit oder ohne harte Arbeit bis zu 6 Monaten erkannt werden kann.

Ein Elternteil oder eine andere zur Alimentierung des Kindes oder der jugendlichen Person gesetzlich verpflichtete Person hat im Sinne dieses Paragraphen das Kind oder die jugendliche Person in gesundheitgefährdender Weise vernachlässigt, wenn sie ihm geeignete Nahrung, Kleidung, ärztliche Hilfe oder Wohnung zu geben unterläßt, oder wenn sie, selbst nicht in der Lage, die geeignete Nahrung, Kleidung, ärztliche Hilfe oder Wohnung zu beschaffen, es unterläßt, dafür zu sorgen, daß solches auf Grund der bestehenden Armengesetzgebung beschafft werde.

2. Eine Verurteilung dieserhalb im ordentlichen oder im summarischen Verfahren ist auch zulässig, wenn der tatsächliche Eintritt oder das Drohen des Leidens oder Gesundheitsschadens durch das Eingreifen eines anderen hintangehalten worden ist.

3. Eine Verurteilung im ordentlichen oder im summarischen Verfahren ist auch zulässig, wenn das Kind oder die jugendliche Person, gegen welche das Vergehen begangen ist, gestorben ist.

4. Ist eine über 16 Jahre alte Person der Tötung (manslaughter) eines ihrer Pflege anvertrauten Kindes oder jugendlichen Person angeklagt, und finden die Geschworenen, daß ein Vergehen gegen die Vorschriften dieses Abschnittes vorliegt, so haben sie den Angeklagten des letzteren Vergehens für schuldig zu erklären.

5. Wird erwiesen, daß eine auf Grund dieses Paragraphen verurteilte Person unmittelbar oder mittelbar an einer Geldsumme, welche mit dem Tode des Kindes oder der jugendlichen Person fällig wurde, interessiert war, und war ihr das Fälligwerden der Summe bekannt,

a) so kann bei Aburteilung im ordentlichen Verfahren das Gericht nach Gutdünken entweder die Geldstrafe bis zu 200 Pfund erhöhen oder allein auf Zuchthaus (penal servitude) bis zu fünf Jahren erkennen,

b) so muß bei Aburteilung im summarischen Verfahren das Gericht dieses erschwerende Moment bei der Strafzumessung berücksichtigen.

6. Als unmittelbar oder mittelbar interessiert gilt, wer, obwohl er keinen gesetzlichen Anspruch auf die Summe besitzt, doch irgend welchen Anteil an der Geldsumme oder Vorteil von ihr hat.

7. Jede von einem Beamten oder Agenten der Versicherungsgesellschaft als echt beglaubigte Police soll in solchem Strafverfahren die Vermutung begründen, daß das in der Police genannte Kind tatsächlich so versichert war, und daß die Person, zu deren Gunsten die Versicherung erfolgt ist, einen gesetzlichen Anspruch auf Auszahlung der Versicherungssumme besitzt.

8. Ein Vergehen im Sinne dieses Paragraphen wird in diesem Abschnitte als Vergehen der Mißhandlung bezeichnet.

§ 13.

Stirbt ein Kind unter drei Jahren an Erstickung (nicht an Erstickung infolge von Krankheit oder weil sich ein Fremdkörper in seinem Rachen oder in den Luftwegen befand), während es mit einer über 16 Jahre alten Person im Bette lag, und befand sich diese bei dem Zubettgehen unter dem Einflusse genossenen Alkohols, so hat sie sich des Vergehens der gesundheitgefährdenden Vernachlässigung des Kindes im Sinne dieses Abschnittes schuldig gemacht.

Andere Vergehen gegenüber Kindern und jugendlichen Personen.

§ 14.

1. Wer ein Kind oder eine jugendliche Person anstiftet oder veranlaßt, oder wer einem in seiner Pflege oder Obhut befindlichen Kinde oder solcher jugendlichen Person gestattet, sich auf Straßen, Höfen oder an anderen Orten aufzuhalten, um zu betteln, Almosen zu empfangen oder andere zum Almosengeben zu veranlassen, ganz gleich ob letzteres durch Singen, Tanzen, Schaustellen, Verkaufen oder unter anderem Vorwande geschieht, wird im summarischen Verfahren mit einer Geldstrafe bis zu 25 Pfund bestraft, neben oder anstelle welcher, auch im Falle der Nichtzahlung der Geldstrafe, auf eine Gefängnisstrafe mit oder ohne harte Arbeit bis zu drei Monaten erkannt werden kann.

2. Wird jemand, der ein Kind oder eine jugendliche Person in Pflege hat, des vorstehenden Vergehens beschuldigt, und ist es erwiesen, daß sich das Kind oder die betreffende jugendliche Person auf Straßen, Höfen oder an anderen Orten zu einem der genannten Zwecke aufgehalten hat, und wird ferner erwiesen, daß dem Kinde der Aufenthalt an diesen Orten gestattet war, so gilt bis zum Beweise des Gegenteils die Vermutung, daß der Aufenthalt dort zu dem genannten Zwecke gestattet worden ist.

§ 15.

Eine über 16 Jahre alte Person, welche ein Kind unter 7 Jahren in Pflege hat und zuläßt, daß sich dieses Kind in einem mit einem offenen Kaminfeuer versehenen Raume aufhält, wo das Kind nicht hinreichend vor Verbrennen oder Versengen geschützt ist, und sie keine Maßnahmen trifft, um diese Gefahr zu beseitigen, wird, wenn das Kind infolgedessen stirbt oder ernstlich verletzt wird, im Wege des summarischen Verfahrens mit einer Geldstrafe bis zu 10 Pfund bestraft.

Unberührt bleiben die Vorschriften, wonach dieserhalb gegen den Täter wegen des Begehens eines schwereren Vergehens im Wege des ordentlichen Verfahrens vorzugehen ist.

§ 16.

1. Wer ein Kind oder eine jugendliche Person im Alter zwischen vier und sechzehn Jahren in Obhut oder Pflege hat und zuläßt, daß

das Kind oder die jugendliche Person in einem Bordell wohnt oder ein solches wiederholt aufsucht, begeht ein Vergehen und wird im ordentlichen oder im summarischen Verfahren mit einer Geldstrafe bis zu fünfundzwanzig Pfund bestraft, neben oder anstelle welcher, auch im Falle der Nichtzahlung der Geldstrafe, auf eine Gefängnisstrafe mit oder ohne harte Arbeit bis zu sechs Monaten erkannt werden kann.

2. Unberührt bleiben die Vorschriften, wonach der Täter auf Grund von § 6 des Criminal Law Amendment Act, 1885 vor dem Gericht mit ordentlichem Verfahren zur Aburteilung zu kommen hat; gleichwohl haben dann die Geschworenen, wenn sie eine Verletzung der vorstehenden Bestimmungen*) für vorliegend erachten, diese anzuwenden.

§ 17.

1. Wer ein Mädchen unter 16 Jahren in Obhut oder Pflege hat und veranlaßt, Vorschub leistet oder begünstigt, daß es verführt oder prostituiert werde, begeht ein Vergehen und wird mit Gefängnis mit oder ohne harte Arbeit bis zu zwei Jahren bestraft.

2. Begünstigung im Sinne dieses Paragraphen liegt vor, wenn jemand dadurch zur Verführung oder Prostituierung beigetragen hat, daß er wissentlich geduldet hat, daß das Mädchen mit einer Prostituierten oder einer sonst notorisch unmoralischen Person verkehre oder bei solcher in Arbeit trete oder in Arbeit verbleibe.

§ 18.

1. Erlangt ein Gerichtshof mit summarischem Verfahren auf die Anzeige irgend jemandes die Überzeugung, daß ein Mädchen unter sechzehn Jahren mit Wissen eines seiner Eltern oder seines Vormundes Gefahr läuft, verführt oder prostituiert zu werden, oder daß es bereits das Leben einer Dirne führt, so kann der Gerichtshof den Elternteil oder Vormund in eine Verpflichtung (recognizance) nehmen, fortan das Mädchen sorgfältig zu behüten und zu bewachen.

2. Die Vorschriften des Summary Jurisdiction Act, 1879 betr. die Verpflichtungen zum Wohlverhalten finden einschließlich der dort zu ihrer Durchführung vorgesehenen Zwangsmaßregeln hier Anwendung.

Festnahme des Täters und Maßnahmen zum Schutze der Kinder.

§ 19.

1. Jeder Polizeibeamte darf ohne Haftbefehl eine Person festnehmen:

a) welche vor seinen Augen eine Straftat im Sinne dieses Abschnittes oder des Anhangs I zu diesem Gesetze begeht, sofern

*) § 16 Absatz 1.

ihm der Name und die Wohnung der Person unbekannt ist und nicht alsbald festgestellt werden kann, oder

b) welche sich einer Mißhandlung oder eines im Anhang I erwähnten Vergehens schuldig gemacht hat, oder von welcher der Polizeibeamte Grund zur Annahme hat, daß sie sich in dieser Weise schuldig gemacht hat, sofern begründeter Fluchtverdacht vorliegt oder ihr Name und Wohnung unbekannt ist und nicht alsbald festgestellt werden kann.

2. Wird jemand auf diese Weise ohne Haftbefehl von einem Polizeibeamten festgenommen, so hat der vorgesetzte Polizeiinspektor oder höhere Polizeibeamte oder der Vorsteher des Polizeibureaus, in welches die festgenommene Person eingeliefert wird, diese, je nach seinem Gutdünken mit oder ohne Sicherheitsleistung, gegen die Verpflichtung (recognizance), zur verantwortlichen Vernehmung zu erscheinen, frei zu lassen, es sei denn, daß zu befürchten steht, daß die Freilassung die Durchführung der Verfolgung vereiteln, oder daß die freigelassene Person dem Kinde oder der jugendlichen Person, der gegenüber sie die Straftat begangen hat, Schaden zufügen werde.

§ 20.

1. Ein Polizeibeamter oder jede von einem Richter hierzu ermächtigte Person kann ein Kind oder eine jugendliche Person, der gegenüber eine Straftat im Sinne der Bestimmungen dieses Abschnittes des Gesetzes oder eine im Anhang I erwähnte Straftat begangen oder vermutlich begangen ist, an einen Zufluchtsort (place of safety*) bringen.

2. Das Kind oder die jugendliche Person, welche auf solche Art an einen Zufluchtsort gebracht wird oder freiwillig dort Zuflucht sucht, kann hier so lange bewahrt werden, bis es vor den im summarischen Verfahren aburteilenden Gerichtshof (court of summary jurisdiction) geführt werden kann; dieser Gerichtshof kann dann bezüglich des Kindes oder der jugendlichen Person die im folgenden Absatz erwähnte oder jede andere geeignete Maßnahme treffen, bis das gegen die Person, welche sich gegen das Kind oder die jugendliche Person vergangen hat, eingeleitete Verfahren durch Verurteilung oder Freisprechung seinen Abschluß gefunden hat.

3. Hegt der im summarischen Verfahren aburteilende Gerichtshof oder der Richter, dem das Kind oder die jugendliche Person vorgeführt wird, die Überzeugung, daß gegen dieses eine Straftat im Sinne der Vorschriften dieses Abschnittes des Gesetzes oder eine der im Anhang I genannten Straftaten begangen ist, so kann er, unbeschadet anderer auf Grund dieses Gesetzes zulässiger Maßnahmen, jede angemessene Vorkehrung treffen, damit für das Kind oder die jugendliche Person so lange gesorgt wird und es so lange bewahrt bleibt, bis das Ermittlungsverfahren abgeschlossen werden kann oder,

---

*) Definition s. § 131 dieses Gesetzes.

falls Anklage erhoben wird, bis das Verfahren durch Verurteilung oder Freisprechung seinen Abschluß gefunden hat. Erfolgt Verurteilung, so kann der Gerichtshof die Bewahrung für weitere höchstens 21 Tage anordnen, und dieser Befehl kann ausgeführt werden, obgleich ein anderer das Kind oder die jugendliche Person in Obhut zu nehmen verlangt.

§ 21.

1. Wenn jemand, der ein Kind oder eine jugendliche Person in Obhut und Pflege hat,

a) wegen eines gegenüber diesem Pflegling begangenen Verstoßes gegen die Vorschriften dieses Abschnittes oder wegen einer der im Anhang I zu diesem Gesetze genannten Straftaten verurteilt ist, oder

b) wegen einer solchen Straftat angeklagt ist, oder

c) vom Richter verpflichtet worden ist, dem Pflegling gegenüber den Frieden zu bewahren,

so kann der betreffende Gerichtshof, sowohl zur Zeit der Verurteilung, der Anklage oder der Verpflichtung, und zwar ohne daß es hierzu neuer Erhebungen bedarf, als auch später, ebenso jedes Friedensgericht (petty sessional court), vor das die Sache von irgend jemand gebracht wird, nach seinem Ermessen anordnen, daß das Kind oder die jugendliche Person von demjenigen, der bisher die Obhut oder Pflege ausübte, fortgenommen und bis zur Vollendung des sechzehnten Lebensjahres oder auf kürzere Zeit bei einem seiner Verwandten oder einer anderen geeigneten Person untergebracht werde: der Verwandte oder sonstige Pfleger ist vom Gericht namentlich zu bezeichnen und muß zur Übernahme bereit sein. Diesen Beschluß kann das Gericht aus eigenem Antriebe oder auf Anregung von anderer Seite von Zeit zu Zeit erneuern, abändern oder aufheben.

2. Besitzt das Kind oder die jugendliche Person einen Elternteil oder gesetzlichen Vormund, so darf solcher Beschluß nur gefaßt werden, wenn dieser Elternteil oder Vormund eines der genannten Vergehen gegen das Kind oder Mündel oder der Teilnahme an solchem Vergehen überführt oder angeklagt oder wenn er verpflichtet worden ist, den Frieden gegenüber dem Kinde oder Mündel zu halten, oder wenn er nicht ermittelt werden kann.

3. Jeder Beschluß auf Grund dieses Paragraphen muß schriftlich ausgefertigt werden und kann in Abwesenheit des Kindes oder der jugendlichen Person ergehen; das Gericht hat nach freiem Ermessen die Form zu bestimmen, welche die Person, die sich bereit erklärt hat, den Pflegling in Verfolg dieses Beschlusses zu übernehmen, verpflichtet, dies zu tun.

4. Ein Beschluß, der sich gegen eine Person richtet, welche wegen eines der genannten Vergehen angeklagt war, wird gegenstandslos, wenn diese Person freigesprochen oder die Anklage fallen

gelassen wird; dasjenige jedoch, was infolge des Beschlusses bereits gesetzmäßig geschehen ist, behält seine Gültigkeit.

5. Der Staatssekretär kann nach freiem Ermessen das Kind oder die jugendliche Person dem Pfleger, welchem es auf Grund dieses Paragraphen überantwortet ist, ganz oder bedingungslos fortnehmen; er kann auch, falls es angebracht erscheint, Ausführungsbestimmungen (rules) betr. die in Pflege gegebenen Kinder oder jugendlichen Personen sowie betr. die Pflichten der Pfleger erlassen.

6. Der Staatssekretär kann in Fällen, wo es das Interesse des Pfleglings erheischt, den auf Grund dieses Paragraphen bestellten Pfleger ermächtigen, die Auswanderung des Pfleglings herbeizuführen; ohne solche Ermächtigung darf kein solcher Pfleger die Auswanderung herbeiführen.

7. Keine Bestimmung dieses Paragraphen hindert das Gericht, ein Kind, anstatt es den vorstehenden Vorschriften gemäß in Pflege zu geben, in Gemäßheit der Vorschriften des Abschnittes IV dieses Gesetzes in eine Erziehungsanstalt (industrial school) einzuweisen.

§ 22.

1. Jeder, dessen Obhut ein Kind oder eine jugendliche Person in Gemäßheit dieses Abschnittes anvertraut ist, hat, solange der Befehl in Kraft ist, bezüglich des Pfleglings alle Rechte und Pflichten der Eltern und haftet dementsprechend für sein Aufziehen. Der Pflegling verbleibt bei ihm, auch wenn er von den Eltern oder einem andern zurückgefordert wird.

Derjenige, welcher

a) wissentlich einem Kinde oder einer jugendlichen Person behülflich ist oder es unmittelbar oder mittelbar veranlaßt, sich dem Pfleger zu entziehen,
b) wissentlich einem entwichenen Pflegling Unterkunft gewährt, ihn verbirgt oder am Zurückkehren hindert, oder der wissentlich hierzu Beihülfe leistet,

wird im Wege des summarischen Verfahrens mit einer Geldstrafe bis zu zwanzig Pfund oder mit Gefängnis mit oder ohne harte Arbeit bis zu zwei Monaten bestraft.

2. Jeder Gerichtshof, welcher auf die genannte Weise ein Kind oder eine jugendliche Person in Pflege geben kann, kann den Elternteil oder die sonst alimentierungspflichtige Person verpflichten, während dieser Zeit zu dem Unterhalte des Pfleglings beizutragen; solcher Gerichtsbeschluß kann in gleicher Weise zwangsweise durchgeführt werden, wie wenn ein Kind oder eine jugendliche Person gemäß Abschnitt IV dieses Gesetzes in eine Erziehungsanstalt (certified school) eingewiesen wird — mit der Maßgabe jedoch, daß der Höchstbetrag der wöchentlichen Summe, welche beizutragen ist, hier 1 Pfund beträgt.

3. Solcher Beschluß kann auf Antrag des derzeitigen Pflegers gefaßt werden und zwar zur Zeit der Übernahme des Pfleglings oder

später; das Gericht hat die Person zu bezeichnen, welcher die von den Eltern oder dem sonst Verpflichteten zu zahlenden Unterhaltsbeiträge auszuhändigen sind; diese müssen für den Unterhalt des Pfleglings verwendet werden.

4. Das Gericht, welches beschlossen hat, ein Kind oder eine jugendliche Person dem bisherigen Gewalthaber, gegen welchen ein Strafverfahren schwebt, fortzunehmen, darf den Elternteil oder den sonst Alimentationsverpflichteten nicht eher durch Beschluß zur Zahlung von Unterhaltsbeiträgen verpflichten, ehe nicht das Strafverfahren beendet ist.

5. Bezieht der Elternteil oder der sonst zur Leistung von Unterhaltsbeiträgen Verpflichtete eine Pension oder ein sonst überweisungsfähiges Einkommen, so kann das Gericht nach Anhörung des Zahlers der Pension oder des Einkommens bestimmen, daß ein gewisser Teil dieser Summe der vom Gericht zu benennenden Person überwiesen und dieser ausgezahlt werde. Der Zahler wird hierdurch verpflichtet, die genannte Summe in der vom Gericht vorgeschriebenen Weise zu zahlen, und die Quittung des jetzt Empfangsberechtigten gilt als gehörige Entlastung dem ursprünglich Berechtigten gegenüber.

6. Zuständig zum Erlassen eines solchen Beschlusses ist jedes Gericht, vor welchem jemand eines Verstoßes gegen diesen Abschnitt beschuldigt ist, ohne Rücksicht auf den Wohnsitz der Person, an welche fortan das Geld zu zahlen ist.

§ 23.

1. Das Gericht soll suchen, das Religionsbekenntnis des Kindes oder der jugendlichen Person festzustellen und tunlichst eine Person desselben Glaubens oder solche andere Person zum Pfleger bestellen, welche sich mit hinreichender Gewähr verpflichtet, den Pflegling in dessen Glauben zu erziehen; das Bekenntnis des Pfleglings ist in dem Beschlusse namhaft zu machen.

2. Befindet sich der Pflegling bei einem andersgläubigen oder bei einem Pfleger, der das obige Versprechen nicht abgegeben hat, und findet sich eine geeignete Person, welche des gleichen Glaubens wie der Pflegling ist, oder welche das genannte Versprechen abgibt, und ist sie bereit, den Pflegling zu übernehmen, so hat das Gericht auf Antrag den Pflegling ihr zu überweisen.

3. Hält der Pfleger das gegebene Versprechen nicht, so gilt der Pflegling als bei einem Andersgläubigen untergebracht, welcher das erwähnte Versprechen nicht abgegeben hat.

§ 24.

1. Erlangt ein Richter auf Grund einer beeideten Anzeige einer Person, welche nach Ansicht des Richters im Interesse des Kindes oder der jugendlichen Person handelt, die Überzeugung, daß Verdacht besteht,

a) daß das Kind oder die jugendliche Person an irgend einem Orte seines Bezirkes so mißhandelt oder vernachlässigt wird, daß das Kind oder die jugendliche Person unnötig leidet oder an der Gesundheit beschädigt wird, oder

b) daß ein Verstoß gegen die Vorschriften dieses Abschnittes oder eins der im Anhang I erwähnten Vergehen gegen das Kind oder die jugendliche Person begangen ist oder begangen wird,

so kann der Richter einen Befehl erlassen, welcher einen namentlich aufzuführenden Polizeibeamten ermächtigt, das Kind oder die jugendliche Person aufzusuchen und es, falls es wie erwähnt vernachlässigt oder mißhandelt ist oder wird, oder falls eines der genannten Vergehen an ihm begangen ist oder wird, an einen sicheren Ort (place of safety) zu bringen und es hier so lange zu bewahren, bis es vor einen Gerichtshof mit summarischer Gerichtsbarkeit gebracht werden kann; der Richter kann auch irgend einen Polizeibeamten ermächtigen, ohne weitere Untersuchung das Kind oder die jugendliche Person an einen sicheren Ort zu bringen und hier so lange zu bewahren, bis es vor einen summarischen Gerichtshof gebracht werden kann. Das Gericht kann es dann einem Verwandten oder einer anderen geeigneten Person in gleicher Weise übergeben, als ob die Person, welche das Kind oder die jugendliche Person bis dahin in Pflege gehabt hat, wegen eines Verstoßes gegen die Vorschriften dieses Abschnittes in Anklagezustand gesetzt wäre.

2. Der Richter kann in demselben Befehle anordnen, daß die Person, welche irgend eines Vergehens gegen das Kind oder die jugendliche Person beschuldigt wird, verhaftet und gegen sie nach Vorschrift der Gesetze verfahren werde.

3. Jeder Polizeibeamte, welcher nach vorstehendem ermächtigt ist, ein Kind oder eine jugendliche Person aufzusuchen oder es ohne weiteres zu entfernen, darf, nötigenfalls mit Gewalt, irgend ein im Befehle aufgeführtes Haus, Gebäude oder anderen Raum betreten und das Kind oder die jugendliche Person von dort entfernen.

4. Jeder solcher richterlicher Befehl soll von dem in diesem bezeichneten Polizeibeamten ausgeführt werden und zwar in Begleitung des Anzeigenden, falls dieser es wünscht, es sei denn, das der Richter es anders anordnet; der Richter, welcher den Befehl erläßt, kann auch anordnen, daß der Beamte von einer geprüften Medizinalperson begleitet werde.

5. Kein solcher richterlicher Befehl braucht den Namen des Kindes oder der jugendlichen Person anzugeben.

§ 25.

1. Der Staatssekretär kann anordnen, daß jede ganz oder zum Teil durch freiwillige Beiträge erhaltene Anstalt zur Beherbergung armer Kinder oder jugendlicher Personen, welche einer Aufsicht durch eine Staatsbehörde nicht unterliegt, regelmäßig von Personen, die von ihm hierzu bestellt werden, aufgesucht und revidiert werde.

2. Jede so bestellte Person hat das Recht, die Anstalt zu betreten; wer sie in der Ausübung ihrer Pflicht hindert, wird im summarischen Verfahren mit einer Geldstrafe bis zu 6 Pfund bestraft; wird ihr der Zutritt verweigert, so wird im Sinne der erwähnten Voraussetzungen für das Erlassen eines Durchsuchungsbefehls*) vermutet, daß in jener Anstalt ein Verstoß gegen die Vorschriften dieses Abschnittes gegenüber einem Kinde oder einer jugendlichen Person begangen wird.

3. Wird eine Anstalt nach den Grundsätzen einer bestimmten religiösen Konfession geleitet, so soll der Staatssekretär auf Wunsch der Anstaltsleiter tunlichst eine Person derselben Konfession zum Revisoren bestellen.

4. Dient eine Anstalt ausschließlich der Unterbringung von Mädchen, so soll der Staatssekretär auf Wunsch der Anstaltsleiter tunlichst eine weibliche Person zum Revisoren bestellen.

5. Jede auf Grund dieses Paragraphen erfolgte Anstellung kann vom Staatssekretär jederzeit widerrufen werden.

Maßnahmen gegenüber Gewohnheitstrinkern.

§ 26.

Erlangt das Gericht, welches eine Person wegen Mißhandlung oder einer der im Anhange I zu diesem Gesetze genannten Straftaten verurteilt, die Überzeugung, daß dieser Täter der Vater oder die Mutter des verletzten Kindes ist, oder daß er mit dem Vater oder der Mutter des Kindes zusammenlebt, und daß er ein Gewohnheitstrinker im Sinne der Trunksucht-Gesetze der Jahre 1879 bis 1900 ist, so kann es, anstelle den Täter zu Gefängnis zu verurteilen, einen Beschluß erlassen, daß der Täter gemäß den Bestimmungen der genannten Gesetze auf eine bestimmte Dauer, welche zwei Jahre nicht übersteigen darf, in einem Trinkerasyle (retreat) untergebracht werde, dessen staatlich konzessionierter Leiter bereit ist, ihn aufzunehmen. Dieser Beschluß soll die gleiche Wirkung haben, auch sollen Abschriften desselben der Ortsbehörde und dem Staatssekretär in gleicher Weise erteilt werden, als ob der Antrag von der betreffenden Person in der von den genannten Gesetzen vorgeschriebenen Form gestellt und von einem Richter, wie vorgeschrieben, attestiert wäre. Das Gericht kann anordnen, daß die betreffende Person von einem Beamten des Gerichts oder einem Polizeibeamten in das Trinkerasyl gebracht werde; hier finden die genannten Trunksucht-Gesetze Anwendung, gleich als wenn die Anmeldung auf Grund der Vorschriften dieser Gesetze erfolgt wäre, jedoch unter folgenden Bedingungen:

a) Der Beschluß auf Unterbringung in einem Trinkerasyle auf Grund dieses Paragraphen darf nur erlassen werden, wenn die betreffende Person nach, gemäß dem Ermessen des Gerichts

*) § 24.

hinreichender, vorheriger Benachrichtigung, daß sie zum Gewohnheitstrinker erklärt werden soll, mit dem Erlassen des Beschlusses einverstanden ist;

b) widerspricht der vor Gericht anwesende Ehegatte des Täters dem Erlassen des Beschlusses, so hat das Gericht, ehe es den Beschluß erläßt, die Gegenvorstellungen des Ehegatten zu berücksichtigen;

c) das Gericht hat, ehe es den Beschluß erläßt, sich in ausreichender Weise Gewißheit zu verschaffen, daß Vorsorge dafür getroffen werden wird, daß die Kosten der Unterbringung im Trinkerasyle ersetzt werden werden;

d) sämtliche Bestimmungen dieses Paragraphen berühren in keiner Weise die Befugnis des Gerichts, die Unterbringung des Täters in einer konzessionierten öffentlichen Trinkerheilanstalt anzuordnen.

Beweisführung und Verfahren.

§ 27.

Auf das Verfahren wegen eines Verstoßes gegen die Bestimmungen dieses Abschnittes oder wegen der im Anhang I zu diesem Gesetze genannten Straftaten finden die Vorschriften des Criminal Evidence Act, 1898 Anwendung, gleich als wenn in dem Anhange zu jenem Gesetze die Paragraphen des vorliegenden Abschnittes und des Anhanges I zu vorliegendem Gesetze anstelle der Paragraphen des Prevention of Cruelty to Children Act, 1894 in Bezug genommen wären.

§ 28.

Erlangt ein Richter auf Grund des Gutachtens einer geprüften Medizinalperson die Überzeugung, daß ein Kind oder eine jugendliche Person, gegen welche ein Verstoß gegen die Bestimmungen dieses Abschnittes oder eine im Anhange I zu diesem Gesetze genannte Straftat begangen sein soll, ohne ernstliche Gefahr für sein Leben oder seine Gesundheit nicht vor Gericht erscheinen kann, so kann der Richter die eidliche Aussage des Kindes oder der jugendlichen Person schriftlich aufnehmen; er hat die Aussage zu unterschreiben und die Gründe, welche ihn zur Aufnahme der Aussage bestimmt haben, desgleichen Tag und Ort der Aussage, sowie die Namen der bei der Aussage etwa gegenwärtigen Personen hinzuzusetzen.

2. Eine solche Aussage hat der Richter mit den Zusätzen weiterzureichen und zwar:

a) wenn die Aussage sich auf eine Straftat bezieht, wegen welcher die Anklage bereits erhoben ist, an den Beamten des Gerichts, vor welchem der Angeklagte abgeurteilt wird;

b) in allen anderen Fällen an den Gerichtsschreiber des Friedensgerichts, in dessen Bezirk die Aussage aufgenommen worden ist. Dieser Gerichtsschreiber hat die ihm übergebene Aussage aufzubewahren und zu registrieren.

§ 29.

Erlangt das Gericht im Falle einer Hauptverhandlung im ordentlichen Verfahren gegen eine Person wegen Mißhandlung*) oder einer der im Anhang I zu diesem Gesetze genannten Straftaten, auf Grund des Gutachtens einer geprüften Medizinalperson, die Überzeugung, daß das angeblich verletzte Kind oder die jugendliche Person ohne ernstliche Gefahr für sein Leben oder seine Gesundheit nicht vor Gericht erscheinen kann, so darf eine jede auf Grund des „Indictable Offences Act, 1848, oder auf Grund der Bestimmungen des vorliegenden Abschnittes aufgenommene Aussage des Kindes oder der jugendlichen Person als vollgültiges Beweismittel für oder gegen den Angeklagten verwendet werden, vorausgesetzt,

a) daß die Aussage von dem Richter unterzeichnet ist, von welchem oder in dessen Gegenwart die Aussage vorgeblich aufgenommen ist;

b) daß die Absicht, diese Aussage aufzunehmen, gebührende Zeit vorher derjenigen Person mitgeteilt worden ist, gegen welche die Aussage als Beweismittel verwendet werden soll, und daß diese Person oder ihr Rechtsbeistand oder Verteidiger die Gelegenheit hatte oder, falls es ihr beliebt hätte zu erscheinen, die Gelegenheit gehabt hätte, das Kind oder die jugendliche Person bei dem Abgeben der Aussage in Kreuzverhör zu nehmen.

§ 30.

Falls in einem Strafverfahren gegen eine Person wegen einer Zuwiderhandlung gegen die Vorschriften dieses Abschnittes oder wegen einer im Anhang I zu diesem Gesetze genannten Straftaten, das verletzte Kind oder ein anderes als Zeuge angebotenes Kind in zartem Alter nach der Ansicht des Gerichts die Bedeutung des Eides nicht begreift, so kann das Kind auch uneidlich als Zeuge gehört werden, falls es nach Ansicht des Gerichts hinreichenden Verstand besitzt, daß die Entgegennahme seines Zeugnisses gerechtfertigt erscheint, und falls es die Pflicht begreift, die Wahrheit zu sagen; und das nicht beeidete, sondern auf andere Weise abgegebene oder in Gemäßheit des § 17 des Indictable Offences Act, 1848, oder des vorliegenden Abschnittes schriftlich aufgenommene Zeugnis des Kindes gilt als Aussage im Sinne jenes Paragraphen oder dieses Abschnittes, vorausgesetzt, daß:

a) kein Angeklagter auf solches Zeugnis hin verurteilt werden darf, wenn dieses nicht durch anderen, gegen den Angeklagten sprechenden materiellen Beweis gestützt wird;

---

*) s. § 12 [8].

b) ein Kind, welches ein solches Zeugnis vorsätzlich falsch ablegt, und zwar unter Umständen, daß es sich, im Falle das Zeugnis beeidet wäre, des Meineides schuldig gemacht hätte, unter Beobachtung der Vorschriften des vorliegenden Gesetzes im Wege des summarischen Strafverfahrens in gleicher Weise zu bestrafen ist, als wenn es des Meineides beschuldigt und der Fall summarisch gemäß § 10 des Summary Jurisdiction Act, 1879, behandelt wäre.

§ 31.

Hält das Gericht in einem Strafverfahren wegen einer Zuwiderhandlung gegen die Vorschriften dieses Abschnittes oder wegen einer der im Anhang I zu diesem Gesetze genannten Straftaten die Anwesenheit des verletzten Kindes oder der jugendlichen Person in der Hauptverhandlung zur gerechten Beurteilung des Falles nicht für erforderlich, so kann das Verfahren in Abwesenheit des Kindes oder der jugendlichen Person vor sich gehen und beendet werden.

§ 32.

1. Wird jemand beschuldigt, eine Zuwiderhandlung gegen die Bestimmungen dieses Abschnittes oder eine der im Anhang I zu diesem Gesetze genannten Straftaten gegen zwei oder mehrere Kinder oder jugendliche Personen begangen zu haben, so kann ein und dieselbe Anzeige oder Ladung sich auf sämtliche Fälle beziehen; es kann jedoch nicht für jede einzelne Straftat auf eine besondere Strafe erkannt werden, außer falls die Fälle in getrennten Untersuchungen geführt werden.

2. Ein und dieselbe Anzeige oder Ladung kann auch jemanden alternativ oder kumulativ als eine Person bezeichnen, welche die Obhut oder welche die Pflege hat, welche sich einer Körperverletzung, einer Mißhandlung, Vernachlässigung, Aussetzung schuldig gemacht hat, so daß dem Kinde unnötiger Schmerz, Schädigung der Gesundheit zugefügt ist — werden aber solche Beschuldigungen gemeinsam erhoben, so darf nicht für jeden Fall auf eine besondere Strafe erkannt werden.

3. Niemand kann wegen einer Zuwiderhandlung gegen die Bestimmungen dieses Abschnittes oder wegen einer der im Anhang I zu diesem Gesetze begangenen Straftaten summarisch verurteilt werden, wenn nicht die Straftat ganz oder teilweise innerhalb der sechs Monate vor dem Eingehen der Strafanzeige begangen ist; gleichwohl kann Beweis über zu irgendwelcher Zeit begangene Straftaten erhoben werden.

4. Bei einer fortgesetzten Straftat braucht weder Anzeige noch Ladung noch Anklage die Daten der einzelnen Bestandteile der Tat (die einzelnen Handlungen) aufzuführen.

§ 33.

Wird jemand auf Grund der Bestimmungen dieses Abschnittes wegen einer Straftat summarisch verurteilt, oder erläßt das auf Grund der Bestimmungen dieses Abschnittes angegangene Gericht Verfügungen über die Überweisung des Kindes oder der jugendlichen Person an einen anderen oder über die Pflicht, zum Unterhalte des Kindes oder der jugendlichen Person beizutragen, und fühlt sich irgendeine Partei durch das Urteil oder die Anordnung des Gerichts beschwert, so kann sie sich hiergegen an das Vierteljahrsgericht (quarter sessions) wenden.

§ 34.

1. Jeder Waisenrat (board of guardians) kann die Einleitung eines Strafverfahrens auf Grund der Vorschriften dieses Abschnittes wegen irgendeiner gegen ein Kind oder eine jugendliche Person begangenen Straftat beantragen und aus der gemeinsamen Kasse die notwendigen Unkosten solchen Verfahrens bestreiten.

2. Die gleiche Ermächtigung erhält die Ortsbehörde von London bezüglich des Abschnittes I dieses Gesetzes, und die notwendigen Unkosten des Verfahrens gelten als behördliche Unkosten gemäß Abschnitt I.

Zusatzbestimmungen.

§ 35.

Jedes Vergehen (misdemeanor) im Sinne dieses Abschnittes soll als Straftat im Sinne des Vexatious Indictments Act, 1859, und aller das letztere abändernden Gesetze gelten.

§ 36.

Paragraph 10 des Poor Law Act, 1879 wird dahin abgeändert, daß unter den Vereinigungen und Gesellschaften, welchen ein Waisenrat mit Genehmigung der Aufsichtsbehörde beitreten darf, auch Vereine oder Körperschaften zum Schutze der Kinder vor Mißhandlung zu begreifen sind.

§ 37.

Das Recht der Eltern, Erzieher oder aller jener Personen, denen ein gesetzliches Recht der Aufsicht über ein Kind oder eine jugendliche Person zusteht, diese zu züchtigen, wird in keinerlei Weise durch die Vorschriften dieses Abschnittes betroffen.

§ 38.

1. Als „geeignete Person“ im Sinne dieses Abschnittes, welcher die Obhut und Pflege eines Kindes oder einer jugendlichen Person übertragen werden kann, gilt auch jede Gesellschaft oder Körperschaft zur Aufnahme und zum Schutze armer Kinder, sowie zum Schutze der Kinder vor Mißhandlung.

2. Für diesen Abschnitt wird folgendes bestimmt:

Derjenige, welcher Vater oder Mutter oder Vormund eines Kindes oder einer jugendlichen Person ist, oder welcher zum Unterhalte dieser gesetzlich verpflichtet ist, hat im Zweifel den Gewahrsam über das Kind oder die jugendliche Person auszuüben. Vom Vater soll nicht gelten, daß er dieser Pflicht zum Gewahrsam ledig geworden ist, nur weil er die Mutter verlassen hat oder mit ihr nicht zusammen lebt.

Derjenige, welchem die Pflege eines Kindes oder einer jugendlichen Person seitens des Gewalthabers übertragen ist, hat im Zweifel diese Pflege auszuüben.

Jeder, der den tatsächlichen Besitz und die tatsächliche Gewalt ausübt, hat im Zweifel für den Unterhalt des Kindes oder der jugendlichen Person zu sorgen.

3. Wo vor dem Inkrafttreten dieses Gesetzes ein Kind oder eine jugendliche Person zu einem Verwandten oder einer anderen geeigneten Person auf Grund eines in Gemäßheit des Prevention of Cruelty to Children Act, 1904, ergangenen Beschlusses in Pflege gegeben ist, so gilt dieser Beschluß als unter diesem Abschnitte des vorliegenden Gesetzes ergangen.

Abschnitt III.

Das Rauchen der Jugend.

§ 39.

Wer einer anscheinend noch nicht 16 Jahre alten Person Zigaretten oder Zigarettenpapier, sei es zum eigenen Gebrauche oder nicht, verkauft, wird im summarischen Verfahren im Falle der ersten Zuwiderhandlung mit einer Geldstrafe bis zu 2 Pfund, bei zweiter Zuwiderhandlung bis zu 5 Pfund und bei dritter oder folgender Zuwiderhandlung mit einer Geldstrafe bis zu 10 Pfund bestraft.

§ 40.

Ein uniformierter Schutzmann oder Parkwächter, welcher eine anscheinend noch nicht 16 Jahre alte Person auf der Straße oder an einem anderen öffentlichen Orte rauchen sieht, hat ihr die Zigaretten oder das Zigarettenpapier, welches sie in Besitz hat, fortzunehmen; über die Verwendung der konfiszierten Zigaretten oder des Zigarettenpapiers befindet die Polizeiverwaltung oder die vorgesetzte Dienstbehörde des Parkwächters nach eigenem Ermessen. Der Schutzmann oder Parkwächter ist befugt, einen Knaben, den er rauchend traf, zu durchsuchen, nicht jedoch ein Mädchen.

§ 41.

1. Hält es ein Untergericht (court of summary jurisdiction), bei welchem dieserhalb eine Anzeige eingelaufen ist, für erwiesen, daß ein Zigaretten-Automat übermäßig von Kindern oder jugendlichen Personen in Anspruch genommen wird, so kann das Gericht dem Eigentümer des Automaten oder des Grundstücks, auf welchem der Automat sich befindet, aufgeben, die in dem Gerichtsbeschlusse näher

bezeichneten Maßnahmen zu treffen, um dem genannten Mißbrauch vorzubeugen; das Gericht kann auch, falls erforderlich, die Entfernung des Automaten binnen der im Beschlusse festgesetzten Frist anordnen. Wer sich durch solchen Beschluß beschwert fühle, kann bei dem Vierteljahrsgericht (court of quarter sessions) Berufung einlegen.

2. Wer solchem Gerichtsbeschlusse nicht nachkommt, wird im summarischen Verfahren mit einer Geldstrafe bis zu 5 Pfund und für jeden ferneren Tag der andauernden Zuwiderhandlung mit einer Geldstrafe bis zu einem Pfund bestraft.

§ 42.

Die Vorschriften dieses Abschnittes, wonach der Verkauf von Zigaretten oder Zigarettenpapier strafbar und deren Beschlagnahme zulässig ist, finden keine Anwendung, falls die Person, an welche die Zigaretten oder Zigarettenpapiere verkauft oder bei der sie beschlagnahmt wurden, zu jener Zeit bei einem Groß- oder Detail-Tabakfabrikanten oder Tabakhändler in dessen Geschäftsbetrieb angestellt oder als Laufjunge in Uniform bei einem Dienstmannsinstitut (messenger company) beschäftigt war.

§ 43.

1. Im Sinne dieses Abschnittes ist unter dem Ausdruck „Zigarette" zu verstehen: geschnittener, in Papier gerollter Tabak, ferner Tabakblätter oder andere derart geformte Stoffe, daß sie zum alsbaldigen Rauchen dienen können.

2. Dieser Abschnitt findet auf Tabak, der nicht in Zigarettenform ist, in gleicher Weise wie auf Zigaretten Anwendung; jedoch macht sich derjenige, welcher solchen anderen Tabak an eine anscheinend noch nicht 16 Jahre alte Person verkauft, nicht strafbar, wenn er nicht wußte und keinen Anlaß zu der Annahme hatte, daß der Tabak der kaufenden Person selbst zum Rauchen dienen sollte.

3. Dieser Abschnitt findet auf Mischungen, welche als Ersatz für Rauchtabak gelten sollen, die gleiche Anwendung wie auf Zigaretten.

Abschnitt IV.

Besserungs- und Erziehungsanstalten.

Auslegungsvorschriften.

§ 44.

1. Im Sinne dieses Abschnittes bedeutet, falls sich nicht ein anderes aus dem Zusammenhange ergibt:

Besserunganstalt (reformatory school), eine Anstalt zur gewerblichen Erziehung jugendlicher Rechtsbrecher, in welcher diese wohnen sowie bekleidet, ernährt und unterrichtet werden,

Erziehungsanstalt (industrial school), eine Anstalt zur gewerblichen Erziehung von Kindern, in welcher diese wohnen, sowie bekleidet, ernährt und unterrichtet werden,

Genehmigte Anstalt (certified school), eine Besserungs- oder Erziehungsanstalt, welche auf Grund der Vorschriften dieses Abschnittes staatlich genehmigt ist.

Schulbesuchsbefehl (attendance order), ein solcher, wie er auf Grund des Elementary Education Act, 1876, erlassen wird.

Wenn es sich darum handelt, daß ein Kind in eine genehmigte Erziehungsanstalt oder aus einer genehmigten Besserungsanstalt in eine genehmigte Erziehungsanstalt gebracht werden soll, so findet der Ausdruck Kind (child) auf das letztere stets Anwendung, solange es sich in der Erziehungsanstalt selbst oder mit Erlaubnisschein außerhalb der Anstalt (out on licence) befindet und zwar auch wenn es inzwischen 14 Jahre alt geworden ist*), desgleichen begreift der Ausdruck „Kind", wenn es sich um die Durchführung eines Schulbesuchbefehls handelt, jeden Knaben oder jedes Mädchen, welche auf Grund irgendwelcher gesetzlicher Bestimmung als Kinder im Sinne der Education Acts, 1870 bis 1907, anzusehen sind.

2. Die derzeitigen Leiter einer Anstalt gelten als ihre Leiter im Sinne dieses Abschnittes.

Genehmigung und Beaufsichtigung der Anstalten.

§ 45.

1. Der Staatssekretär kann auf Antrag der Leiter einer Besserungs- oder Erziehungsanstalt den Generalinspektor der Besserungs- und Erziehungsanstalten (von dem weiter unten die Rede ist) beauftragen, den Zustand und die Statuten dieser Anstalt, sowie ihre Geeignetheit, jugendliche Rechtsbrecher oder Kinder auf Grund dieses Abschnittes aufzunehmen, zu prüfen und ihm zu berichten.

2. Der Staatssekretär kann, falls ihm der Bericht genügt, erklären, daß diese Anstalt geeignet ist, jugendliche Rechtsbrecher oder Kinder in Gemäßheit der Vorschriften dieses Abschnittes aufzunehmen.

§ 46.

1. Der Staatssekretär kann einen Generalinspektor der Besserungs- und Erziehungsanstalten sowie, um diesen zu unterstützen, so viele Inspektoren und Inspektionsgehilfen anstellen, als das Schatzamt bewilligt; jeder, der so zur Unterstützung des Generalinspektors angestellt ist, besitzt die Rechte und Pflichten des Generalinspektors in dem Umfang, in welchem diese ihm vom Staatssekretär übertragen sind, er handelt gleichwohl stets unter Leitung des Generalinspektors.

---

*) s. § 131 Definition von Child.

2. Der Generalinspektor sowie die anderen Inspektoren beziehen aus den vom Parlament bewilligten Geldern diejenigen Vergütungen und Gebühren, welche ihnen der Staatssekretär mit Genehmigung des Schatzamtes zubilligt.

3. Jede genehmigte Anstalt muß wenigstens einmal in jedem Jahre von dem Generalinspektor oder einem Inspektor oder Inspektionsgehilfen revidiert werden.

§ 47.

Ist der Staatssekretär unzufrieden mit dem Zustande, der Hausordnung, der Verwaltung oder Leitung einer genehmigten Anstalt, so kann er jederzeit den Leitern der Anstalt eine Verfügung zustellen, wonach die erteilte Genehmigung der Anstalt nach Ablauf einer bestimmten Frist wieder entzogen wird; diese Frist muß wenigstens sechs Monate seit dem Datum der Verfügung betragen. Nach Ablauf der Frist tritt die Entziehung der Genehmigung in Kraft, und die Anstalt hört auf, eine genehmigte Anstalt zu sein.

Der Staatssekretär kann jedoch auch, anstatt die Genehmigung zu entziehen, durch eine Verfügung, welche den Anstaltsleitern zugestellt wird, die Aufnahme jugendlicher Rechtsbrecher oder von Kindern in die Anstalt während der in der Verfügung genannten Frist oder bis auf Widerruf verbieten.

§ 48.

Die Leiter einer genehmigten Anstalt können, wenn sie dem Staatssekretär sechs Monate vorher, und die Testamentsvollstrecker oder Nachlaßverwalter eines verstorbenen Anstaltsleiters (sofern nur einer vorhanden war) können, wenn sie ihm einen Monat vorher schriftlich ihre dahingehende Absicht anzeigen, auf die staatliche Genehmigung der Anstalt verzichten; dieser Verzicht tritt, sofern die Anzeige nicht zurückgenommen wird, nach Ablauf der genannten sechs- oder einmonatigen Frist in Kraft, und die Anstalt hört auf, eine genehmigte zu sein.

§ 49.

Kein jugendlicher Rechtsbrecher oder Kind darf in eine genehmigte Anstalt aufgenommen werden, nachdem die Entziehung der Genehmigung den Anstaltsleitern zugestellt, oder der Verzicht auf die Genehmigung von ihnen abgegeben ist; unberührt hiervon bleibt jedoch die Verpflichtung der Anstaltsleiter, die in der Anstalt zu diesen Zeitpunkten befindlichen Zöglinge zu unterrichten, zu erziehen, zu beherbergen, zu bekleiden und zu beköstigen und zwar, sofern der Staatssekretär nichts anderes anordnet, bis zu dem Inkrafttreten der Entziehung oder des Verzichtes auf die Genehmigung oder bis die vom Parlament bewilligten Unterstützungsbeiträge nicht mehr gezahlt werden — je nachdem was zuerst eintritt.

§ 50.

Hört eine Anstalt auf, eine genehmigte zu sein, so sollen die Zöglinge auf Anordnung des Staatssekretärs, gemäß den Vorschriften dieses Abschnittes über Entlassung und Überführung, entweder entlassen oder in eine andere genehmigte Anstalt überführt werden.

§ 51.

Falls die Leiter einer genehmigten Anstalt oder die Leiter zweier oder mehrerer genehmigter Erziehungs- oder Besserungsanstalten die Absicht hegen, eine Neben-(Hülfs-)Anstalt zur Unterbringung gewisser Insassen oder Gruppen von Insassen der Hauptanstalt zu gründen oder hierzu eine bereits bestehende oder von anderer Seite her vorgesehene Einrichtung zu verwenden, so haben die Leiter der Hauptanstalt bezüglich der Nebenanstalt den gleichen Antrag und Bericht, wie er von ihnen bezüglich der ersteren gestellt war, an den Staatssekretär zu richten; dieser kann die Hülfsanstalt genehmigen, die erteilte Genehmigung widerrufen, und auf letztere kann verzichtet werden, genau wie es mit der Genehmigung der Hauptanstalt war. Solange aber die Hülfsanstalt genehmigt bleibt, ist sie, was die Zwecke der Genehmigung anlangt, als Bestandteil der Hauptanstalt zu behandeln.

Pflichten und Rechte der Anstaltsleiter.

§ 52.

Die Leiter einer genehmigten Anstalt haben das Recht, die Aufnahme von jugendlichen Rechtsbrechern und Kindern, welche ihnen auf Grund der Vorschriften dieses Abschnittes zugesandt werden sollen, zu verweigern; haben sie diese jedoch einmal aufgenommen, so haben sie während der ganzen Zeit, für welche die Unterbringung in einer Anstalt zu erfolgen hat, oder bis zur Entziehung der oder zum Verzicht auf die der Anstalt erteilte Genehmigung, oder bis die ihnen bis dahin aus den vom Parlamente bewilligten Geldern für die Zöglinge gewährten Unterstützungsgelder nicht mehr eingehen — je nachdem, was zuerst eintritt — die übernommenen Zöglinge zu unterrichten, zu erziehen, zu beherbergen, zu bekleiden und zu beköstigen.

§ 53.

Die Leiter einer genehmigten Anstalt dürfen, mit Genehmigung des Staatssekretärs, ein ihnen übergebenes Kind anderweit in Pflege geben, bis es das Alter von zehn Jahren erreicht hat und, mit Genehmigung des Staatssekretärs, auch über dieses Alter hinaus auf so lange Zeit, als sie es im Interesse des Kindes für ratsam halten; die Anstaltsleiter haben dabei, was die Oberaufsicht, den Widerruf usw. anlangt, diejenigen Befugnisse, welche ihnen in den Ausführungsbestimmungen (regulations) des Staatssekretärs gegeben werden; obwohl so in Pflege gegeben, gilt das Kind im Sinne dieses Abschnittes als Anstaltszögling, und die Vorschriften dieses Abschnittes finden entsprechende Anwendung, insoweit nicht durch Staatsratsbeschluß (Order in Council) ein anderes bestimmt wird.

§ 54.

Die Leiter einer genehmigten Anstalt können jederzeit, und haben auf Anfordern des Staatssekretärs, eine Hausordnung aufzustellen; diese unterliegt in jedem Falle der Genehmigung des Staatssekretärs.

§ 55.

Kein erheblicher Anbau oder Umbau einer genehmigten Anstalt darf ohne schriftliche Genehmigung des Staatssekretärs vorgenommen werden.

§ 56.

1. Die Leiter einer genehmigten Anstalt können, für sich oder gemeinsam mit den Leitern einer oder mehrerer anderer genehmigter Anstalten, eine Pensions-Tabelle für solche Anstaltsbeamte aufstellen, welche infolge von körperlichem oder geistigem Siechtum oder hohem Alter unfähig werden, ihre Pflichten zu erfüllen, und deshalb in den Ruhestand treten oder anderweit ihr Amt niederlegen.

Diese Tabelle darf jedoch eine Pension nicht für solche Fälle und keine höhere Pension vorsehen, als sie der Superannuation (Metropolis) Act, 1866 für analoge Fälle vorsieht.

2. Die Tabelle kann auch die Bewilligung von Gratifikationen für solche Fälle und in solcher Höhe vorsehen, wie sie der Superannuation (Metropolis) Act, 1866 bewilligt.

3. Die von den Anstaltsleitern auf Grund solcher Tabelle gemachten Auslagen gelten als Teil der Anstaltsausgaben.

Die Art der Überweisung von Rechtsbrechern und Kindern in Besserungs- und Erziehungsanstalten und ihre Behandlung in diesen.

§ 57.

1. Wird ein jugendlicher Angeklagter, welcher nach Ansicht des Gerichtes zwischen 12 und 16 Jahre alt ist, im ordentlichen oder im summarischen Verfahren einer Straftat überführt, welche bei einem Erwachsenen mit Zuchthaus oder Gefängnis bestraft wird, so kann das Gericht neben oder anstelle der gesetzlichen Strafe beschließen, daß er einer genehmigten Besserungsanstalt überwiesen werde.

Neben der Überweisung darf jedoch nicht auf eine Gefängnisstrafe erkannt werden.

2. Ist solcher Überweisungsbeschluß bezüglich eines 14 Jahre oder darüber alten Täters ergangen, findet sich jedoch kein Leiter einer genehmigten Besserungsanstalt bereit, ihn aufzunehmen, so kann der Täter auf Anordnung des Staatssekretärs vor das erkennende oder ein gleichartiges Gericht gestellt werden, und dieses kann jetzt anstelle des Überweisungsbeschlusses einen Beschluß fassen oder ein Urteil ergehen lassen, wie er gefaßt oder wie es ergangen wäre, wenn von vornherein so beschlossen oder erkannt worden wäre.

§ 58.

1. Jedermann kann vor ein Friedensgericht eine anscheinend noch nicht 14 Jahre alte Person bringen, welche

a) bettelnd oder Almosen empfangend (gleichviel ob ohne oder unter vorgeschütztem Singen, Spielen, Aufführen, Verkaufen oder anderen Handlung) oder sich auf der Straße oder auf einem Platze zum Zwecke des Bettelns oder Almosenempfangens aufhaltend betroffen wird; oder

b) wandernd ohne Wohnsitz noch Wohnung noch Obdach noch sichtbare Subsistenzmittel, oder wandernd, ohne Vater noch Mutter noch Vormund zu besitzen, betroffen wird, oder wenn es solche zwar besitzt, diese sich aber um das Kind nicht gehörig kümmern; oder

c) obwohl keine Vollwaise sondern bei Lebzeiten beider Eltern oder des überlebenden Elternteils oder als uneheliches Kind, dessen Mutter im Zuchthaus oder Gefängnis sitzt, verlassen gefunden wird; oder

d) in der Obhut eines Elternteils oder Vormundes steht, welcher infolge seiner verbrecherischen oder Trinker-Gewohnheiten ungeeignet ist, die Obhut des Kindes zu behalten; oder

e) die eheliche oder uneheliche Tochter eines Mannes ist, welcher wegen einer Straftat im Sinne von § 4 oder 5 des Criminal Law Amendment Act, 1885, begangen an einer seiner ehelichen oder unehelichen Töchter, verurteilt ist; oder

f) sich in Gesellschaft eines notorischen Spitzbuben oder einer gemeinen oder notorischen Dirne aufhält, oder

g) in einem Hause oder dem Teile eines Gebäudes nächtigt oder wohnt, welches einer Dirne zu Zwecken der Prostitution dient, oder anderweit unter Verhältnissen lebt, welche bestimmt sind, die Verführung oder Prostituierung des Kindes herbeizuführen, zu fördern oder zu erleichtern.

Erlangt der Richter nach Ermittlung die Überzeugung, daß bei dem ihm vorgeführten Kinde einer der genannten Fälle vorliegt, so kann er, wenn er es für angebracht hält, das Kind einer genehmigten Erziehungsanstalt überweisen. Der Fall zu f) soll jedoch dann nicht als vorliegend angesehen werden, wenn die einzige gemeine oder notorische Dirne, in deren Gesellschaft sich das Kind bewegt, die Mutter des Kindes ist, und diese das Kind ordentlich betreut sowie hinreichend dafür sorgt, daß das Kind nicht angesteckt werde.

2. Ist ein anscheinend unter 12 Jahren altes Kind vor dem Schwurgericht, dem Vierteljahrsgericht oder einem Friedensgericht wegen einer Straftat angeklagt, welche im Falle sie von einem Erwachsenen begangen, mit Zuchthaus oder gelinderer Strafe bedroht ist, so kann das Gericht, falls es auf Grund von Ermittelungen es für angebracht hält, das Kind einer genehmigten Erziehungsanstalt überweisen.

3. Wird ein anscheinend 12 oder 13 Jahre altes Kind, welches bisher einer Straftat noch nicht überführt war, vor dem Friedensgericht einer Tat angeklagt, welche, wenn sie von einem Erwachsenen begangen, mit Zuchthaus oder geringerer Strafe bedroht ist, und hält das Gericht es für angezeigt, daß das Kind einer genehmigten Anstalt überwiesen werde, daß aber mit Rücksicht auf die besonderen Umstände des Falles die Unterbringung in eine genehmigte Besserungsanstalt nicht wünschenswert ist, und ist das Gericht der Ansicht, daß der Charakter und das Vorleben des Kindes nicht solche sind, daß von ihm ein schlechter Einfluß auf die Insassen einer Erziehungsanstalt zu besorgen steht, so kann es das Kind einer Erziehungsanstalt überweisen, nachdem es sich vorher der Einwilligung der Anstaltsleiter, das Kind aufzunehmen, versichert hat.

Gleichwohl kann der Staatssekretär auf Antrag der Leiter der Erziehungsanstalt anordnen, daß das Kind in eine genehmigte Besserungsanstalt überführt werde.

4. Beweist der Vater (oder die Mutter) oder der Vormund eines Kindes einem Friedensgericht gegenüber, daß er nicht imstande ist, das Kind zu beherrschen, und daß er deshalb die Unterbringung des Kindes auf Grund dieses Abschnittes in eine Erziehungsanstalt wünscht, so kann das Gericht die Überweisung in eine genehmigte Erziehungsanstalt anordnen, wenn es nach erfolgter Untersuchung eine solche Unterbringung für angezeigt erachtet und sich davon vergewissert hat, daß der Antragsteller die daraus folgenden Konsequenzen begriffen hat.

Hält das Gericht es für angezeigt, daß das Kind, anstatt einer genehmigten Erziehungsanstalt überwiesen zu werden, der Aufsicht eines Bewährungsbeamten (probation officer) unterstellt werde, so kann das Gericht mit dem Kinde in gleicher Weise verfahren, wie es mit ihm auf Grund des Probation Offenders Act, 1907, hätte verfahren können, wenn das Kind wegen einer Straftat angeklagt wäre; mit der Maßgabe jedoch, daß die Verpflichtung, infolge deren Übernahme das Kind entlassen wird, hier dahin geht, daß das Kind auf Ladung vor Gericht, um einen Beschluß auf seine Überweisung in eine Anstalt entgegenzunehmen, zu erscheinen hat.

5. Überzeugen die Bezirkswaisenräte oder die Leiter einer Bezirks-Armenschule ein Friedensgericht, daß ein in einem Armenhause oder in einer Armenschule gehaltenes Kind widerspenstig oder das Kind von Eltern ist, von denen der eine oder andere Teil mit Zuchthaus oder Gefängnis bestraft ist, und daß die Überweisung des Kindes auf Grund dieses Abschnittes in eine Erziehungsanstalt wünschenswert ist, so kann das Gericht, wenn es solches für angezeigt hält, das Kind einer genehmigten Erziehungsanstalt überweisen.

6. Auf den auf Grund von § 12 des Elementary Education Act 1876 gestellten Antrag der örtlichen Schulbehörde kann das Gericht behufs zwangsweiser Durchführung eines Schulbesuchsbefehls die

Unterbringung eines Kindes gemäß jenem Paragraphen in eine genehmigte Erziehungsanstalt anordnen.

Fällt das Kind unter eine der im Absatz 1 des vorliegenden Paragraphen erwähnten Kategorien, so kann das Gericht auf Antrag der örtlichen Schulbehörde mit dem Kinde gemäß den Bestimmungen jenes Absatzes verfahren, anstatt gemäß den Bestimmungen des vorliegenden Absatzes oder derjenigen des § 12 des Elementary Education Act, 1876.

7. Das Gericht kann in allen Fällen, in welchen es auf Grund der Bestimmungen dieses Paragraphen ermächtigt ist, ein Kind einer genehmigten Erziehungsanstalt zu überweisen, statt dessen anordnen, daß es auf Grund der Bestimmungen von Abschnitt II dieses Gesetzes einem Verwandten oder einer anderen vom Gericht zu benennenden geeigneten Person übergeben werde; die Bestimmungen jenes Abschnittes finden auf solche Anordnung sinngemäße Anwendung.

8. Pflicht der Polizeibehörde ist es, die erforderlichen Schritte behufs Anwendung der im Absatz 1 dieses Paragraphen vorgesehenen Maßregeln gegenüber jedem in ihrem Bezirke betroffenen Kinde zu tun, bei welchem der Inhalt einer der in jenem Absatz erwähnten Kategorien anscheinend zutrifft, es sei denn, daß:

a) der Fall zur Kompetenz der örtlichen Schulbehörde gehört, und diese sich entschließt, die erforderlichen Schritte zu tun,
b) die erforderlichen Schritte bereits von anderer Seite getan werden,
c) die Polizeibehörde solche Schritte im Interesse des Kindes für nicht erforderlich hält.

§ 59.

Jedermann kann vor ein Friedensgericht jede anscheinend 14 oder 15 Jahre alte Person bringen, welche, wenn sie ein Kind wäre, unter eine der im Absatz 1 des § 58 genannten Kategorien fiele; das Gericht kann, nachdem es sich vergewissert, daß letzteres zutrifft, gemäß Abschnitt II anordnen, daß die betreffende jugendliche Person einem Verwandten oder einer anderen zu benennenden geeigneten Person überwiesen werde; die Vorschriften jenes Abschnittes finden dann hier sinngemäße Anwendung.

§ 60.

Das Gericht kann in allen Fällen, in denen es auf Grund dieses Abschnittes die Überweisung eines Kindes oder einer jugendlichen Person an einen Verwandten oder an eine andere dem Namen nach bezeichnete geeignete Person anordnet, außerdem in Gemäßheit des Probation of Offenders Act, 1907 bestimmen, daß das Kind oder die jugendliche Person unter die Aufsicht eines Bewährungsbeamten (probation officer) gestellt werde.

Die Verpflichtung, welche das Kind oder die jugendliche Person, falls es sich nicht um eine Straftat handelt, dann einzugehen hat, geht dahin, daß es sich verpflichtet, auf Ladung vor Gericht zu erscheinen, um dessen weitere Anordnung entgegenzunehmen.

§ 61.

Eine Anordnung des Gerichts, welche einen jugendlichen Rechtsbrecher oder ein Kind einer genehmigten Anstalt überweist (in diesem Gesetz Überweisungsbefehl [detention order] genannt), kann je nach dem Ermessen des Gerichts sofort oder später zur Ausführung bestimmt sein, letzteres je nachdem es das Alter oder der Gesundheitszustand des jugendlichen Rechtsbrechers oder des Kindes erheischt.

§ 62.

1. Der Überweisungsbefehl hat die Anstalt zu bezeichnen, in welche die Einweisung erfolgen soll; diese genehmigte Anstalt (sie kann innerhalb oder außerhalb des Bezirks des beschließenden Gerichts liegen) muß eine solche sein, deren Leiter sich bereit erklärt haben, den betreffenden Zögling aufzunehmen.

Kann die Anstalt im Überweisungsbefehl nicht genannt werden, so kann die Benennung der Anstalt, unter Berücksichtigung der Vorschriften dieses Gesetzes über die Bestimmung des Wohnortes eines jugendlichen Rechtsbrechers oder Kindes, durch einen Richter erfolgen, welcher Jurisdiktionsbefugnisse am Sitze des beschließenden Gerichts besitzt, und welchem die Befugnis, die Anstalt zu benennen, im Überweisungsbefehl delegiert ist.

2. Erlangt das Gericht die Überzeugung, daß ein jugendlicher Rechtsbrecher oder ein Kind infolge seines Geistes- oder Körperzustandes nicht in der Lage ist, den gehörigen Nutzen aus seiner Erziehung in einer gewöhnlichen genehmigten Anstalt zu ziehen, daß dieses aber wohl in einer Anstalt geschehen kann, wo besondere Einrichtungen für die Erziehung solcher jugendlicher Rechtsbrecher oder Kinder getroffen sind, so kann der zu erlassende Überweisungsbefehl auf Überweisung in solche Anstalt lauten.

§ 63.

Wenn:

a) ein Überweisungsbefehl zwar ergeht, er aber nicht alsbald in Kraft treten soll,

b) im Zeitpunkt, wo er in Kraft treten soll, die Unterbringung in eine genehmigte Anstalt wegen des Zustandes des jugendlichen Rechtsbrechers oder Kindes nicht erfolgen kann,

c) die Anstalt, in welche die Überweisung erfolgen soll, erst nach Nachforschung ermittelt werden kann,

so kann das Gericht anordnen, daß der jugendliche Rechtsbrecher oder das Kind entweder an einen Ort gebracht werde, an welchen es in Gemäßheit der Bestimmungen von Abschnitt V gebracht werden könnte, oder daß es einem Verwandten oder einer anderen geeigneten Person gemäß Abschnitt II übergeben werde; hier hat es zu bleiben, bis die Unterbringung in eine genehmigte Anstalt auf Grund des Überweisungsbefehls erfolgen kann.

§ 64.

1. Tritt dieser Zeitpunkt ein, so hat die Person, welche bis dahin den Gewahrsam über einen einer Anstalt überwiesenen jugendlichen Rechtsbrecher oder über solches Kind ausgeübt hat, den Zögling dem Polizeibeamten oder der anderen für die Überführung in die Anstalt verantwortlichen Person zu übergeben; diese ihrerseits hat den Zögling dem Vorsteher oder Verwalter der Anstalt gleichzeitig mit dem Überweisungsbefehle oder dem sonstigen Schriftstücke, welches die vorläufige Unterbringung und die Überweisung ausspricht, zu übergeben.

2. Der Überweisungsbefehl, welcher die Unterbringung eines jugendlichen Rechtsbrechers oder eines Kindes in eine genehmigte Anstalt anordnet, stellt eine genügende Legitimation für seine Überführung und Unterbringung in diese, sowie seine in Gemäßheit dieses Abschnittes erfolgende weitere Überführung in jede andere Anstalt dar.

§ 65.

Der Überweisungsbefehl hat die Dauer der Unterbringung anzugeben. Diese Dauer beträgt:

a) im Falle der Unterbringung eines jugendlichen Rechtsbrechers in eine Besserungsanstalt nicht weniger als 3 und nicht mehr als 5 Jahre, niemals aber über das Alter von 19 Jahren hinaus;

b) im Falle der Unterbringung eines Kindes in eine Erziehungsanstalt so lange Zeit, als der Gerichtshof für notwendig hält, daß das Kind während derselben erzogen und unterrichtet werde, niemals aber über das Alter von 16 Jahren hinaus.

§ 66.

1. Das Gericht oder der Richter soll vor Bestimmung der genehmigten Anstalt die Konfession des jugendlichen Rechtsbrechers oder des Kindes zu ermitteln suchen; der Überweisungsbefehl soll tunlichst diese Konfession aufführen, und es soll als Anstalt tunlichst eine solche gewählt werden, welche im Sinne jener religiösen Überzeugung geleitet wird.

2. Ein Geistlicher von der in dem Überweisungsbefehl genannten Konfession des Zöglings kann diesen behufs geistlichen Rates und Unterrichts in den Grundsätzen seiner Religion in der Anstalt an solchen Tagen, so häufig und unter solchen Bedingungen besuchen, wie der Staatssekretär bestimmt.

3. Lautet ein Überweisungsbefehl auf Unterbringung in eine nicht im Sinne der religiösen Überzeugung des Zöglings geleitete

Anstalt, so kann der Vater oder Vormund, der nächste erwachsene Verwandte oder der Pfleger des Rechtsbrechers oder Kindes, sich,

a) wenn der Überweisungsbefehl von einem Friedensgericht ausging, an dieses,

b) in jedem anderen Falle an den Staatssekretär

wenden und die Überweisung oder Überführung des Zöglings in eine im Sinne der religiösen Überzeugung des Zöglings geleitete genehmigte Anstalt beantragen; diesem Antrage hat das Gericht oder der Staatssekretär, nachdem ihm die Konfession des Zöglings bewiesen, zu entsprechen.

α) Solcher Antrag muß vor oder binnen 30 Tagen nach der Unterbringung des Zöglings gestellt werden.

β) Der Antragsteller muß glaubhaft machen, daß die von ihm benannte Anstalt bereit ist, den Zögling aufzunehmen.

γ) Der Antragsteller kann auch nach Ablauf jener 30 Tage bei dem Staatssekretär solche Überweisungsmaßnahmen beantragen, welche letzterer auf Grund anderweitiger Bestimmungen dieses Gesetzes zu ergreifen ermächtigt ist.

§ 67.

1. Die Leiter einer genehmigten Anstalt können

a) falls das Kind in einer Erziehungsanstalt auf Veranlassung einer örtlichen Schulbehörde untergebracht ist, mit Zustimmung dieser,

b) in anderen Fällen mit Zustimmung des Staatssekretärs,

oder, nachdem 18 Monate des Aufenthalts in der Anstalt verstrichen sind, ohne Zustimmung eines anderen, mittels Erlaubnisscheines (licence) gestatten, daß der Zögling bei einer in dem Erlaubnisschein zu benennenden vertrauenswürdigen und geachteten Person lebe, welche bereit ist, ihn aufzunehmen und für ihn zu sorgen.

Bezieht sich der Erlaubnisschein auf ein Kind unter 14 Jahren, so muß die Bedingung gestellt werden, daß es gemäß den Polizeivorschriften an seinem künftigen Wohnorte die Volksschule täglich besuche; eine solche Schule, welche eine genehmigte Schule im Sinne des Elementary Education Act, 1876 sein muß, ist im Erlaubnisschein zu benennen.

2. Ein solcher Erlaubnisschein soll bis auf Widerruf oder so lange gelten, bis er infolge Verletzung einer der darin gestellten Bedingungen verwirkt wird.

3. Die Anstaltsleiter sind befugt, jederzeit solchen Erlaubnisschein schriftlich zurückzunehmen und die Rückführung des Zöglings in die Anstalt anzuordnen.

4. Entweicht ein Zögling von der Person, bei welcher er auf Grund des Erlaubnisscheines wohnt, oder weigert er sich im Falle des Widerrufs oder des Verfallens des Erlaubnisscheines in die Anstalt zurückzukehren, so wird er so bestraft, als ob er aus der Anstalt selbst entwichen wäre.

5. Die Zeit, welche ein Zögling auf Grund eines Erlaubnisscheines außerhalb der Anstalt verbringt, rechnet als Aufenthalt in der Anstalt; nicht angerechnet aber wird die Zeit von dem Augenblicke an, wo der Zögling verabsäumt hat, in die Anstalt zurückzukehren, nachdem der Erlaubnisschein widerrufen oder verfallen war.

6. Weigert sich ein Zögling, nachdem der Erlaubnisschein widerrufen oder verfallen ist, oder verabsäumt er, in die Anstalt zurückzukehren, so kann ein Untergericht (court of summary jurisdiction), wenn vor ihm ein eidliches Zeugnis dafür abgelegt wird, daß Grund zu der Annahme besteht, daß die Eltern oder der Vormund den Zögling vorweisen können, eine Ladung an die Eltern oder den Vormund ergehen lassen, an einem bestimmten Tage vor Gericht zu erscheinen und den Zögling zur Stelle zu bringen. Kommt der Geladene ohne hinreichende Entschuldigung der Aufforderung nicht nach, so wird er zusätzlich zu einer Strafe, die er sich auf Grund der Bestimmungen dieses Abschnittes zugezogen hat, im summarischen Verfahren mit einer Geldstrafe bis zu einem Pfund bestraft.

§ 68.

1. Jeder jugendliche Rechtsbrecher, welcher einer genehmigten Besserungsanstalt überwiesen ist, bleibt nach Ablauf der Unterbringungszeit, falls er dann noch nicht 19 Jahre alt ist, bis zum Alter von 19 Jahren unter Aufsicht der Leiter der Anstalt.

2. Jedes Kind, welches einer Erziehungsanstalt überwiesen ist, bleibt nach Ablauf der Unterbringungszeit bis zum Alter von 18 Jahren unter Aufsicht der Leiter der Anstalt. Diese Bestimmung findet jedoch in allen denjenigen Fällen keine Anwendung, wo die Unterbringung in eine Erziehungsanstalt lediglich zur Erzwingung des Schulbesuchs erfolgt ist, weil der Vater, Vormund oder sonstige zur Erziehung Verpflichtete es unterlassen hatte, für hinreichenden Elementarunterricht zu sorgen.

3. Die Anstaltsleiter können jeder unter ihrer Aufsicht stehenden Person einen Erlaubnisschein erteilen, wie er in diesem Abschnitt vorgesehen ist; sie können solchen Erlaubnisschein jederzeit widerrufen und den Rücktritt in die Anstalt befehlen. Jede so in die Anstalt zurückgerufene Person kann hier bis zu 3 Monaten festgehalten und alsdann wiederum mit Erlaubnisschein hinausgelassen werden.

a) Das Zurückrufen soll nur erfolgen, wenn die Anstaltsleiter der Überzeugung sind, daß es zum Schutze des ehemaligen Zöglings notwendig ist.

b) Die Anstaltsleiter haben von jedem Zurückrufen sofort dem Generalinspektor der Besserungs- und Erziehungsanstalten unter Angabe der Gründe Anzeige zu machen.

c) Sie haben den Zögling so bald als möglich, spätestens nach 3 Monaten seit der Rücklieferung, wieder mit Erlaubnisschein hinauszulassen und hiervon dem Generalinspektor Anzeige zu machen.

4. Der einem Zögling vor Ablauf seiner Unterbringungszeit erteilte Erlaubnisschein behält, falls die von diesem Paragraphen vorgesehene Aufsicht einzutreten hat, nach Ablauf jener Zeit seine Geltung und kann gemäß den Bestimmungen dieses Abschnittes widerrufen werden.

5. Der Staatssekretär kann jederzeit anordnen, daß die verhängte Aufsicht aufzuhören habe.

6. Solange ein jugendlicher Rechtsbrecher oder ein Kind unter Aufsicht der Leiter einer genehmigten Anstalt steht, dürfen seine Eltern ihre elterlichen Rechte nur insoweit ausüben, als sie die Beaufsichtigung durch die Anstaltsleiter nicht stören.

§ 69.

1. Der Staatssekretär kann jederzeit anordnen, daß die Entlassung eines Zöglings aus der genehmigten Anstalt unbedingt oder unter den von ihm verfügten Bedingungen erfolge; er kann, wo die Entlassung unter Bedingungen erfolgt ist, und diese nicht eingehalten werden, die Entlassungsverfügung widerrufen, worauf der jugendliche Rechtsbrecher oder das Kind wieder in die Anstalt zurückkehren muß; tut dieser es nicht, so wird er sowohl, wie jeder andere, der ihn wissentlich beherbergt, verborgen hält oder am Zurückkehren in die Anstalt hindert, so bestraft, als ob der jugendliche Rechtsbrecher oder das Kind aus der Anstalt entwichen wäre.

2. Der Staatssekretär kann bestimmen, daß

a) ein Zögling aus einer Besserungsanstalt in eine andere, oder aus einer Erziehungsanstalt in eine andere überführt werde,
b) ein unter 14 Jahren alter jugendlicher Rechtsbrecher aus der Besserungsanstalt in eine Erziehungsanstalt überführt werde,
c) ein über 12 Jahre altes Kind aus der Erziehungsanstalt, wo es auf die übrigen Insassen einen schlechten Einfluß ausübt, in eine Besserungsanstalt überführt werde;

die Zeit der Überführung wird auf die Unterbringungszeit angerechnet.

3. Ist ein Zögling in einer genehmigten Anstalt eines Landes des Vereinigten Königreiches untergebracht, so kann er, gemäß den Vorschriften dieses Paragraphen, von der Zentralbehörde dieses Landes in eine genehmigte Anstalt eines anderen Landes überführt werden, falls die Zentralbehörde des anderen Landes zustimmt.

Unter Zentralbehörde im Sinne dieser Vorschrift ist zu verstehen: „der Staatssekretär“ (für England), „der Staatssekretär für Schottland“ und „der Chefsekretär“ (für Irland).

§ 70.

Wenn ein Zögling sich innerhalb der Anstalt oder mit Erlaubnisschein außerhalb der Anstalt aufhält, oder wenn ein ehemaliger Zögling unter Aufsicht von Anstaltsleitern steht und er sich gut führt, so können die Anstaltsleiter, auch wenn die Unterbringungs- oder Aufsichtszeit noch nicht abgelaufen ist, ihn mit seiner Zustimmung in irgend einem Berufe, Handwerke oder Dienste, einschließlich des Dienstes in der Marine oder dem Heere, auch durch Auswanderung unterbringen; eine solche Bestimmung der Anstaltsleiter über seine Zukunft hat dieselbe geltende Kraft, als wenn sie von den Eltern ausginge.

Ist jedoch die Unterbringung mittels Auswanderung beabsichtigt, so bedarf es hierzu der Zustimmung des Staatssekretärs; desgleichen in allen Fällen, wo die Unterbringung des Zöglings in der Anstalt weniger als 1 Jahr gedauert hat.

Straftaten mit Bezug auf genehmigte Anstalten.

§ 71.

1. Wenn ein jugendlicher Rechtsbrecher als Zögling einer Besserungsanstalt die Hausordnung erheblich und vorsätzlich übertritt, oder wenn er die übrigen Insassen zu solchem Tun aufwiegelt, so kann im Wege des summarischen Strafverfahrens das Gericht die Unterbringungszeit des Zöglings bis um 6 Monate verlängern; ist der Zögling 16 Jahre alt oder darüber, so kann er auch vom Gericht mit Gefängnis, mit oder ohne harte Arbeit, bis zu 3 Monaten bestraft werden. In letzterem Falle muß er nach Ablauf der Strafzeit auf Kosten der Leiter der Anstalt, wo die Übertretung begangen war, in eine Besserungsanstalt gebracht und dort so lange festgehalten werden, als der Rest der Unterbringungszeit bei seiner Einlieferung in das Gefängnis betrug

2. Wenn ein Zögling einer Erziehungsanstalt im Alter von 12 Jahren oder darüber die Hausordnung erheblich und vorsätzlich übertritt, oder wenn er die übrigen Insassen zu solchem Tun aufwiegelt, so kann er im Wege des summarischen Strafverfahrens in eine genehmigte Besserungsanstalt überführt und dort gemäß den Bestimmungen dieses Abschnittes festgehalten werden.

3. Die Unterbringungszeit kann auf Grund der Bestimmungen dieses Paragraphen verlängert werden, auch wenn dadurch die durch diesen Abschnitt gezogenen zeitlichen Grenzen überschritten werden.

§ 72.

1. Entweicht ein jugendlicher Rechtsbrecher aus einer Besserungsanstalt, so kann er zu jeder Zeit vor Ablauf der Unterbringungszeit ohne Haftbefehl festgenommen und (ungeachtet gegenteiliger Bestimmung in anderen Gesetzen) vor ein Untergericht gebracht werden, in dessen Bezirk der Ergreifungsort oder die Anstalt, aus welcher der Zögling entwichen war, liegt; er wird dann im summarischen Verfahren verurteilt, in die Besserungsanstalt zurückgebracht zu werden, und die Unterbringungszeit kann nach dem Ermessen des Gerichts bis um 6 Monate verlängert werden. Ist der Zögling 16 Jahre alt oder darüber, so kann er auch vom Gericht mit Gefängnis, mit oder ohne harte Arbeit, bis zu drei Monaten bestraft werden; nach Ablauf der Strafzeit muß er in eine genehmigte Besserungsanstalt zurückgebracht werden.

2. Entweicht ein Kind aus einer Erziehungsanstalt, so kann es zu jeder Zeit vor Ablauf der Unterbringungszeit ohne Haftbefehl festgenommen und (ungeachtet gegenteiliger Bestimmung in anderen Gesetzen) vor ein Untergericht gebracht werden, in dessen Bezirk der Ergreifungsort oder die Anstalt, aus welcher es entwichen war, liegt; es wird dann im summarischen Verfahren verurteilt, in die Erziehungsanstalt, aus welcher es entwichen, zurückgebracht oder, falls es 12 Jahre alt oder darüber ist, in eine Besserungsanstalt überführt und daselbst gemäß den Bestimmungen dieses Abschnittes festgehalten zu werden.

3. Bei Berechnung der Zeit, während welcher ein entwichen gewesener Zögling in der Anstalt, in welche er zurückgebracht ist, festgehalten werden soll, wird die Zeit, während welcher er entwichen war, einschließlich der Zeit, während welcher er auf Grund dieses Paragraphen etwa im Gefängnis saß, nicht auf die Unterbringungszeit angerechnet.

4. Die Kosten des Rücktransports tragen die Leiter der Anstalt, aus welcher die Entweichung stattgefunden hat.

5. Wenn die Dauer der Unterbringung eines entwichen gewesenen Zöglings nach seiner Rücklieferung in die Anstalt infolge der gemäß den Bestimmungen dieses Paragraphen eintretenden Verlängerung der Unterbringungszeit oder aus anderen Gründen die von diesem Abschnitte vorgesehenen zeitlichen Grenzen überschreitet, so darf der Zögling, ungeachtet anderweitiger Bestimmungen dieses Abschnittes, dem vorliegenden Paragraphen entsprechend in der Anstalt festgehalten werden.

6. Wer

a) einem Zögling, sei dieser innerhalb, oder mit Erlaubnisschein außerhalb der Anstalt, zur Flucht aus der Anstalt oder zur Flucht von der Person, welcher er auf Grund des Erlaubnisscheines überwiesen war, verhilft oder ihn hierzu unmittelbar oder mittelbar anstiftet,

b) einen entwichenen Zögling wissentlich beherbergt, verbirgt oder an der Rückkehr in die Anstalt oder zu der Person, welcher er auf Grund des Erlaubnisscheines überwiesen war, verhindert oder ihm wissentlich hierzu behülflich ist,

wird im summarischen Verfahren mit Gefängnis, mit oder ohne harte Arbeit, bis zu zwei Monaten oder mit einer Geldstrafe bis zu zwanzig Pfund bestraft.

Ausgaben der genehmigten Anstalten.

§ 73.

Zu den Ausgaben der Unterbringung eines Zöglings in einer genehmigten Anstalt, einschließlich der Transportkosten im Falle der Überführung in eine andere Anstalt und der Auswanderungskosten, soll aus den vom Parlament bewilligten Geldern ein Zuschuß in solcher Höhe und unter solchen Bedingungen erfolgen, als der Staatssekretär mit Zustimmung des Schatzamtes bewilligt. Dieser Zuschuß darf jedoch bei Kindern, welche auf Antrag ihrer Eltern oder Vormünder in eine Erziehungsanstalt aufgenommen sind, zwei Schilling pro Kopf und Woche nicht übersteigen.

§ 74.

1. Wird ein jugendlicher Rechtsbrecher einer Besserungsanstalt überwiesen, so hat der Grafschaftsrat seines Wohnortes — dieser ist in dem Überweisungsbeschluß zu bezeichnen — dafür zu sorgen, daß er gemäß den Vorschriften dieses Abschnitts in einer für den betreffenden Fall geeigneten Besserungsanstalt aufgenommen und bewahrt werde.

2. Wird ein Kind einer Erziehungsanstalt überwiesen, so hat die örtliche Schulbehörde des Bezirks, in welchem es wohnt — dieser ist in dem Überweisungsbefehl zu bezeichnen — dafür zu sorgen, daß das Kind gemäß den Vorschriften dieses Abschnitts in einer für den betreffenden Fall geeigneten Erziehungsanstalt aufgenommen und bewahrt werde.

3. Für die Ausführung der vorstehenden Bestimmungen dieses Paragraphen gilt die Vermutung, daß der Wohnort dort ist, wo die Straftat begangen ist, oder wo sich die Umstände ereignet haben, welche die Überweisung in eine Erziehungsanstalt erforderlich machten, es sei denn, daß der Wohnort erwiesenermaßen wo anders sich befindet.

4. Ist der Überweisungsbefehl von einem Schwurgericht (court of assize) oder einem Vierteljahrsgericht (court of quarter sessions) erlassen, so hat das Gericht die Bestimmung des Wohnortes des jugendlichen Rechtsbrechers oder Kindes dem Untergericht zu überlassen, von welchem die Anklage ausging.

5. Die auf Grund dieses Paragraphen der Schulbehörde auferlegte Pflicht greift nicht Platz, wenn das Kind einer genehmigten Erziehungsanstalt überwiesen wird:

a) auf Wunsch seines Vaters oder Vormundes, weil sie es nicht beherrschen können, oder
b) auf Veranlassung einer Armenverwaltung oder der Leiter einer Bezirksarmenschule, weil das Kind widersetzlich ist oder zu Eltern Leute hat, von denen ein Teil bereits wegen einer mit Zuchthaus oder Gefängnis bedrohten Tat bestraft ist, oder
c) wenn das Kind ohne festen Wohnsitz ist und gewohnheitsmäßig von Ort zu Ort durch die Bezirke verschiedener örtlicher Schulbehörden gewandert ist, oder
d) wenn es sich um ein Kind handelt, zu dessen Unterhalt in der Erziehungsanstalt kein Zuschuß aus vom Parlament bewilligten Geldern erfolgt.

Die örtliche, an sich zuständige Schulbehörde ist gleichwohl befugt, in den genannten Fällen, falls sie es für angezeigt findet, die Kosten der Unterbringung des Kindes in einer Erziehungsanstalt zum Teil oder ganz zu bestreiten.

6. Ein Friedensgericht (petty sessional court) soll die Unterbringung eines Kindes in einer Erziehungsanstalt nicht beschließen, ohne daß vorher der für die Aufnahme und Unterbringung in der Anstalt verantwortlichen örtlichen Schulbehörde Gelegenheit zur Äußerung gegeben ist.

7. Fühlt sich die örtliche Behörde, d. h. der Grafschaftsrat, wenn es sich um Besserungsanstalten, und die Schulbehörde, wenn es sich um Erziehungsanstalten handelt, durch die Entscheidung des Gerichts bezüglich des Wohnortes des jugendlichen Rechtsbrechers oder Kindes beschwert, so kann sie binnen 3 Monaten seit Erlaß des Überweisungsbeschlusses bei einem Untergericht desselben Bezirks, zu welchem der Gerichtshof gehört, welcher den Unterbringungsbeschluß erlassen hat, Beschwerde einlegen; erlangt das Gericht die Überzeugung, daß der Wohnort des Zöglings sich im Bezirke einer anderen örtlichen Behörde befindet, so kann es nach Anhörung dieser anderen örtlichen Behörde, auf diese die Unterhaltspflicht für die Zeit der Bewahrung in der Anstalt übertragen und anordnen, daß sie der ersterwähnten örtlichen Behörde die von dieser für den Zögling bereits gemachten Auslagen ersetze. Gegen diesen Gerichtsbeschluß gibt es die Berufung an das Vierteljahrsgericht. Die ersterwähnte örtliche Behörde haftet aber für die Ausführung des Unterbringungsbeschlusses so lange, als nicht die Übertragung der Verpflichtung auf eine andere örtliche Behörde erfolgt ist.

8. Eine örtliche Behörde kann, behufs Ausführung der ihr durch diesen Abschnitt auferlegten Pflichten:

a) einen Vertrag mit den Leitern einer genehmigten Anstalt zum Zwecke der Aufnahme und Unterbringung von Zöglingen schließen, für deren Aufnahme und Unterbringung die Behörde verantwortlich ist,

b) mit Genehmigung des Staatssekretärs allein oder gemeinsam mit einer anderen gleichartigen Behörde solche Summen unter solchen Bedingungen, wie sie für angezeigt hält, zum Bau, Umbau, Erweiterungsbau, Neubau oder zur Verwaltung einer genehmigten Anstalt, oder zum Ankaufe von Land für eine bestehende oder für eine dort zu bauende Anstalt, beitragen.

9. Eine örtliche Behörde kann zu den Kosten der endlichen Bestimmung über einen Insassen einer genehmigten Anstalt beitragen, für dessen Unterbringung in solcher Anstalt die Behörde auf Grund dieses Paragraphen verpflichtet war oder zu dessen Unterhalt in der Anstalt die Behörde freiwillig Beiträge geleistet hat.

10. Die für die Unterbringung eines jugendlichen Rechtsbrechers oder eines Kindes in einer genehmigten Anstalt auf Grund dieses Paragraphen verantwortliche Behörde behält im Falle seiner Überführung in eine andere genehmigte Anstalt (aus einer Besserungsanstalt in eine Erziehungsanstalt oder umgekehrt) diese Verantwortlichkeit.

Es soll ihr aber vor der Überführung von dieser Anzeige gemacht und Gelegenheit gegeben werden, diesbezüglich bei dem Staatssekretär vorstellig zu werden.

11. Wird ein Kind, weil es widersetzlich ist, oder weil einer seiner Eltern wegen einer mit Zuchthaus oder Gefängnis bedrohten Straftat verurteilt ist, auf Veranlassung eines Bezirkswaisenrats oder der Leiter einer Bezirksarmenschule einer genehmigten Erziehungsanstalt überwiesen, so hat der Waisenrat oder haben die Anstaltsleiter zur Unterbringung des Kindes solche Summen beizutragen, wie sie mit den Administratoren der Anstalt vereinbaren; erfolgt keine Einigung, so entscheidet der Staatssekretär.

12. Eine örtliche Behörde kann behufs Ausführung der Bestimmungen dieses Abschnittes Land kaufen und zwar gelten solche Ausgaben

a) wenn es sich um Besserungsanstalten handelt, gemäß dem Local Government Act, 1888 bzw. den Public Health Acts;
b) wenn es sich um Erziehungsanstalten handelt, gemäß den Education Acts, 1870 bis 1907.

13. Die auf Grund der Bestimmungen dieses Abschnittes einer örtlichen Behörde erwachsenden Auslagen gelten

a) wenn es sich um Besserungsanstalten handelt, als Allgemeine Auslagen der Grafschaft;
b) wenn es sich um Erziehungsanstalten handelt, als Auslagen für Volksschulunterricht.

14. Eine örtliche Behörde kann, um die Kosten des Baues, Umbaues, Neubaues, Erweiterungsbaues oder Grundstückerwerbes für eine Anstalt zu tragen oder um zu diesen Kosten beizutragen, eine Anleihe aufnehmen, und zwar

a) bei Besserungsanstalten gemäß dem Local Government Act, 1888 bzw. dem Municipal Corporations Act, 1882;
b) bei Erziehungsanstalten gemäß den Education Acts, 1870 bis 1907.

Das geliehene Geld muß längstens innerhalb 60 Jahren zurückgezahlt werden.

15. Falls sich zwei oder mehrere Behörden mit Genehmigung des Staatssekretärs behufs Ausführung irgendwelcher Bestimmungen dieses Paragraphen zusammentun, so kann ihre diesbezügliche Vereinbarung sich auf die Anstellung einer gemeinsamen Körperschaft von Anstaltsadministratoren oder auf die Festsetzung der Anteile, welche die einzelnen Behörden an Zuschüssen zu leisten haben, oder auf jeden anderen Gegenstand beziehen, welche der Staatssekretär für die Ausführung der Vereinbarung für notwendig hält; die Ausgaben der gemeinsamen Körperschaft von Anstaltsadministratoren werden von jeder Behörde pro rata des für sie festgesetzten Anteiles getragen, und ihre Einnahmen und Ausgaben werden gemäß § 6 des Education (Administrative Provisions) Act, 1907 geprüft.

16. Um die von diesem Paragraphen vorgeschriebene Genehmigung des Staatssekretärs zu erlangen, sind diesem die Einzelheiten

des beabsichtigten Baues oder Ankaufes und ein Plan des beabsichtigten Umbaues, Erweiterungsbaues, Neubaues oder Baues einzureichen und zwar in solchem Maßstabe, mit solchen Einzelheiten und Kostenanschlag, wie der Staatssekretär zu erfordern für notwendig befindet; der Staatssekretär kann den Plan und dessen Einzelheiten mit oder ohne Änderung billigen oder auch verwerfen.

17. War vor dem Inkrafttreten dieses Gesetzes eine Erziehungsanstalt von einem Grafschaftsrat als solchem ins Leben gerufen, so wird diese Anstalt Eigentum des Grafschaftsrats in dessen Eigenschaft als örtlicher Schulbehörde, und die für die entsprechende Anpassung erforderlichen Maßnahmen sind zwischen dem Grafschaftsrat und den sämtlichen örtlichen Schulbehörden des Bezirks (einschließlich des Grafschaftsrats als örtlicher Schulbehörde) zu treffen, wobei § 68 des Local Government Act, 1894 analoge Anwendung findet.

18. In dem Stadtinnern von London ist der Stadtrat die für die Aufnahme und den Unterhalt der von einem Friedensgericht des Stadtinnern überwiesenen jugendlichen Rechtsbrecher in einer Besserungsanstalt verantwortliche örtliche Behörde.

Gleichwohl hat die Verwaltung des Stadtinnern von London dem Londoner Grafschaftsrat den erforderlichen Beitrag zu den Unterhaltungskosten der Besserungsanstalten zu leisten; der Londoner Grafschaftsrat aber hat in jedem Jahre dem Londoner Stadtrat für jeden von diesem verpflegten Zögling einen nach den Anweisungen des Staatssekretärs festgesetzten Betrag zurückzuzahlen, welcher den Durchschnittskosten gleichkommt, die der Grafschaftsrat in jenem Jahre für seine Zöglinge hat aufwenden müssen.

§ 75.

1. Der Vater oder diejenige andere Person, welche bezüglich eines einer genehmigten Anstalt überwiesenen jugendlichen Rechtsbrechers oder Kindes alimentierungsverpflichtet ist, hat, sofern sie dazu in der Lage ist, zu den Kosten des Unterhalts eine Summe beizutragen, welche diejenige Summe nicht übersteigen darf, die gemäß Erklärung des Staatsrats (Order in Council) ungefähr die Durchschnittskosten darstellt, welche die Unterhaltung eines Zöglings in einer solchen Art Anstalt an dem Orte, wo die Anstalt steht, erfordert.

2. a) Das Gericht, welches einen Unterbringungsbeschluß erläßt, soll gleichzeitig, es sei denn, daß es sich noch nicht für hinreichend unterrichtet hält,

b) jedes Untergericht, welches am Wohnorte des Vaters oder der sonst alimentationsverpflichteten Person Jurisdiktionsbefugnisse hat, kann auf Beschwerde oder auf Veranlassung des Generalinspektors der Besserungs- und Erziehungsanstalten jeder Zeit, während der Zögling in der Anstalt untergebracht ist,

einen Beschluß erlassen, daß der Vater oder die sonst alimentierungsverpflichtete Person dem Generalinspektor eine innerhalb der genannten Grenze befindliche, wöchentliche Summe während der ganzen oder eines Teiles der Unterbringungszeit des Zöglings zu zahlen hat, welche mit Rücksicht auf das Vermögen des Alimentierungsverpflichteten angemessen erscheint.

Geht der Unterbringungsbeschluß von einem Schwurgericht oder einem Vierteljahrsgericht aus, so kann das Gericht geeignetenfalls die Festsetzung der Summe einem Untergerichte an dem Orte überlassen, von welchem der prozessuale Überweisungsbeschluß an das zuständige höhere Gericht gekommen ist; dieses Untergericht ist dann ermächtigt, einen Beschluß zu erlassen, wie ihn das den Unterbringsbeschluß verfügende Gericht hätte erlassen können.

3. Jeder solche Beschluß kann die Zeit näher bestimmen, während welcher die Zahlung erfolgen soll, oder bestimmen, daß die Zahlung bis auf weiteres zu erfolgen hat; die Durchführung des Beschlusses kann in der gleichen Weise wie ein Alimenten-Festsetzungsbeschluß erzwungen werden.

4. Jeder auf Grund dieses Paragraphen ergangene Beschluß kann auf Antrag des zur Zahlung Verpflichteten oder auf Antrag oder Veranlassung des Staatssekretärs, vierzehn Tage nachdem der letztere oder der zur Zahlung Verpflichtete vor dem Eingange des Antrages benachrichtigt worden ist, von jedem Gericht, welches ihn hätte erlassen können, abgeändert werden.

5. Ein auf Grund dieses Paragraphen ergehender Beschluß verpflichtet den Betroffenen. Jedoch:

War der Betroffene nicht zu der Hauptverhandlung, in welcher der Beschluß erging, geladen, so muß der Beschluß ihm gehörig zugestellt werden; er verpflichtet dann den Betroffenen, falls dieser nicht in der vorgeschriebenen Zeit bei dem Gerichte, welches den Beschluß erlassen hat, oder jedem gleichgeordneten Gerichte Beschwerde mit der Behauptung einlegt, daß er nicht alimentierungsverpflichtet oder nicht in der Lage sei, die festgesetzte Summe zu zahlen. Auf diese Beschwerde kann das angegangene Gericht den Beschluß mit oder ohne Abänderung bestätigen oder ihn aufheben.

6. Der zur Zahlung von Unterhaltungsbeiträgen für einen Zögling Verpflichtete hat jede Veränderung seines Wohnortes dem Generalinspektor der Besserungs- und Erziehungsanstalten anzuzeigen; tut er dies ohne hinreichende Entschuldigung nicht, so wird er im summarischen Verfahren mit einer Geldstrafe bis zu zwei Pfund bestraft.

7. Alle Summen, welche auf Grund dieses Paragraphen gezahlt werden, fließen zur Staatskasse; ist aber der Beitrag, der für ein in einer Erziehungsanstalt befindliches Kind gezahlt wird, höher als der für dieses Kind gezahlte Staatszuschuß, so fließt der überschießende Betrag nicht zur Staatskasse, sondern gebührt den Leitern der Anstalt.

8. Der Staatssekretär kann nach freiem Ermessen einen auf Grund dieses Paragraphen durch Beschluß auferlegten Zuschuß dem Zahlungspflichtigen ganz oder teilweise erlassen.

9. Jeder Polizeibeamte hat auf Verlangen des Generalinspektors der Besserungs- und Erziehungsanstalten die von diesem auf Grund dieses Paragraphen gewünschten Schritte auszuführen.

10. Ist nicht der Vater, sondern ein anderer verpflichtet, für den Unterhalt eines jugendlichen Rechtsbrechers oder Kindes zu sorgen, so kann bezüglich jenes anderen ein Gerichtsbeschluß erlassen werden, trotzdem der Vater vorhanden ist.

11. Bezieht der durch einen Gerichtsbeschluß zur Zahlung verpflichtete Vater oder Dritte eine beschlagnahmbare Pension oder ein solches Gehalt, so kann das Gericht, nachdem es dem Zahler jenes Geldes Gelegenheit zur Äußerung gegeben hat, anordnen, daß und welcher Teil der Pension oder des Gehalts mit Arrest belegt und der vom Gericht zu benennenden Person überwiesen werde. Solcher Gerichtsbeschluß verpflichtet den Zahler der Pension oder des Gehalts, die Zahlung in der angeordneten Weise vorzunehmen, und die Quittung des nunmehr Empfangsberechtigten gilt als gehörige Entlastung dem ursprünglich Empfangsberechtigten gegenüber.

§ 76.

1. Die Kosten der Überführung eines zur Unterbringung in eine Besserungsanstalt bestimmten jugendlichen Rechtsbrechers in solche Anstalt sowie die Kosten der zur Aufnahme erforderlichen, anständigen Bekleidung werden aus vom Parlament bewilligten Geldern bestritten.

2. Die Kosten der Überführung eines zur Unterbringung in eine Erziehungsanstalt bestimmten Kindes in solche Anstalt trägt die die Überführung ausführende Polizeibehörde; diese Kosten gelten als Teil der laufenden Ausgaben jener Behörde.

Ist jedoch ein Kind auf Veranlassung einer örtlichen Schulbehörde einer Erziehungsanstalt überwiesen, so kann diese Behörde die Kosten des Transports und die aus dessen Anlaß entstehenden Kosten und zwar in die Anstalt und aus dieser, die Kosten des Hinaussendens mit Erlaubnisschein sowie diejenigen der Rückführung im Falle des Widerrufs oder des Verwirkens des Erlaubnisscheines tragen.

Tages-Arbeitsschulen.

§ 77.

1. Hält der Staatssekretär mit Rücksicht auf die Lage einer bestimmten Bevölkerungsklasse in dem Bezirke einer örtlichen Schulbehörde im Interesse der Erziehung und Beaufsichtigung der Kinder jener Bevölkerungsklasse das Vorhandensein einer Schule für notwendig oder angezeigt, in welcher gewerbliche Unterweisung, Elementarunterricht und eine oder mehrere Mahlzeiten am Tage, nicht aber Wohnung geboten werden, so kann er auf einen Antrag und Bericht, welcher den Vorschriften dieses Abschnittes über die gehörige Anmeldung von Erziehungsanstalten entsprechen muß, solche Schule genehmigen (certify) als geeignet für die Aufnahme von Kindern,

welche auf Grund der Vorschriften dieses Absatzes über Tages-Arbeitsschulen (day industrial schools) in solchen unterzubringen sind.

2. Eine genehmigte Tages-Arbeitsschule gilt als „ausreichende Schule“ im Sinne des Elementary Education Act, 1876.

3. Eine Tages-Arbeitsschule darf nicht gleichzeitig Besserungs- oder Erziehungsanstalt sein, noch umgekehrt.

4. Hält der Staatssekretär das Vorhandensein einer Tages-Arbeitsschule wegen veränderter Umstände oder aus anderen Gründen im Interesse der gewerblichen Erziehung und Beaufsichtigung von Kindern einer bestimmten Bevölkerungsklasse in der Nähe der Anstalt für nicht mehr erforderlich, so kann er, nach rechtzeitiger Benachrichtigung, die erteilte Genehmigung zurückziehen, worauf die Schule aufhört, eine genehmigte Tages-Arbeitsschule zu sein.

§ 78.

1. Jedes Kind, welches auf Grund dieses Abschnittes einer genehmigten Erziehungsanstalt überwiesen werden kann, kann vom Gericht, dem es vorgeführt wird, nach dessen Ermessen einer Tages-Arbeitsschule überwiesen werden.

2. Jedes durch einen Gerichtsbeschluß (nicht infolge eines Schulbesuchbefehls) einer Tages-Arbeitsschule überwiesene Kind kann hier während der im Beschluß genannten Zeit zu denjenigen Stunden festgehalten werden, welche in der von dem Staatssekretär genehmigten Hausordnung vorgesehen sind.

3. Die Schule muß sich innerhalb einer bestimmt begrenzten, vom Staatsrat auf Grund dieses Abschnittes festsetzbaren Entfernung von der Wohnung des Kindes befinden, braucht aber nicht im Bezirk des Gerichts zu liegen, das den Beschluß erlassen hat.

§ 79.

Die Leiter einer genehmigten Tages-Arbeitsschule können auf Antrag einer örtlichen Schulbehörde oder des Vaters oder Vormundes oder der sonst alimentierungsverpflichteten Person, falls sich diese oder der Vater oder Vormund verpflichtet, eine vom Staatssekretär festzusetzende Summe zu den Kosten des gewerblichen Unterrichts und der Mahlzeiten des Kindes beizutragen, ein Kind in die Schule auf Grund eines Schulbesuchbefehls oder ohne Gerichtsbeschluß aufnehmen

§ 80.

Zu den Kosten der Bewahrung, gewerblichen Erziehung, des Elementarunterrichts und der Mahlzeiten für in Tages-Arbeitsschulen untergebrachte Kinder werden aus vom Parlament bewilligten Geldern solche Summen und unter solchen Bedingungen beigesteuert, wie der Staatssekretär mit Zustimmung des Schatzamts bewilligt.

Jedoch:

a) ist zur Bedingung eines zu bewilligenden Staatszuschusses zu machen, daß der Unterricht in der Tages-Arbeitsschule so tüchtig ist, daß die Schule, falls sie eine öffentliche Volksschule wäre, Anspruch auf einen Staatszuschuß hätte;

b) sind alle vom Staatssekretär entworfenen Bedingungen für die Bewilligung eines Staatszuschusses an eine Tages-Arbeitsschule dem Parlament in gleicher Weise vorzulegen, wie es bezüglich des jährlichen Staatszuschusses zu den Kosten des Elementarunterrichts geschieht.

§ 81.

Die örtliche Schulbehörde hat bezüglich einer genehmigten Tages-Arbeitsschule dieselben Rechte und Pflichten, wie sie diese gegenüber einer genehmigten Erziehungsanstalt hat; keine Vorschrift in diesem Gesetze jedoch darf solcher Behörde die Pflicht auferlegen, für die Aufnahme und Unterbringung eines Kindes in einer Tages-Arbeitsschule zu sorgen.

§ 82.

1. Der Gerichtsbeschluß, welcher ein Kind einer genehmigten Tages-Arbeitsschule überweist, hat gleichzeitig anzuordnen, daß der Vater oder der sonst Alimentierungsverpflichtete zur gewerblichen Unterweisung und zu den Mahlzeiten des Kindes in der Schule eine in dem Beschlusse zu nennende Summe beizutragen habe. Diese Summe darf die von dem Staatsrat festzusetzende Höhe der ungefähren Durchschnittskosten nicht übersteigen, welche die gewerbliche Unterweisung nebst den Mahlzeiten eines Kindes in den Tages-Arbeitsschulen an dem Orte erfordert, wo sich die Schule, zu welcher das Kind geschickt wird, befindet.

2. Pflicht der örtlichen Schulbehörde ist es, für den Erlaß und die eventuell zwangsweise Durchführung solches Gerichtsbeschlusses zu sorgen; jede auf Grund dieses Beschlusses gezahlte Summe fließt in die Kasse der örtlichen Schulbehörde als Beitrag zu den Ausgaben dieser Behörde für Elementarunterricht auf Grund der Education Acts, 1870 bis 1907.

3. Ist der Vater oder der sonst Alimentierungsverpflichtete nicht imstande, die in dem Beschlusse festgesetzte Summe zu zahlen, so hat er sich an die Armenbehörde seines Wohnortes zu wenden, und diese soll ihm, falls er tatsächlich nicht zahlen kann, hinreichende Unterstützung geben, sodaß er die Summe zahlen kann, oder eine solche Beihülfe zu der Summe gewähren, als er nach ihrer Überzeugung nicht aufzubringen vermag.

§ 83.

Die Vorschriften dieses Abschnittes betreffs Erziehungsanstalten finden, soweit anwendbar, mit den erwähnten Einschränkungen auf Tages-Arbeitsschulen Anwendung; Seine Majestät kann jedoch durch Staatsratbeschluß die genannten Vorschriften insoweit abändern, als solches Seiner Majestät zur gehörigen Anpassung der Vorschriften auf Tages-Arbeitsschulen notwendig erscheint. Desgleichen kann durch Staatsratbeschluß bestimmt werden, daß ein Kind wegen einer Straftat in einer Erziehungsanstalt, anstatt in einer Besserungsanstalt, unterzubringen sei, auch kann solcher Beschluß eine jede durch die Bestimmungen dieses Abschnittes über Erziehungsanstalten vorgesehene Strafe in anderer Weise mildern.

Zusatzbestimmungen.

§ 84.

Ist ein zu Gefängnis oder Zuchthaus verurteilter jugendlicher Rechtsbrecher von Seiner Majestät unter der Bedingung begnadigt, daß er sich der Fürsorge einer Wohlfahrtseinrichtung zur Aufnahme und Besserung jugendlicher Rechtsbrecher unterstellt, so kann der Staatssekretär bestimmen, daß er, falls noch nicht 16 Jahre alt, in einer Besserungsanstalt, deren Leiter in seine Aufnahme einwilligen, untergebracht werde und hier nicht weniger als 3 und nicht mehr als 5 Jahre bleibe, keinesfalls aber über das Alter von 19 Jahren hinaus. Es finden dann auf den Rechtsbrecher alle Vorschriften dieses Abschnittes Anwendung, als ob er von vornherein zur Unterbringung in einer Besserungsanstalt verurteilt worden wäre.

§ 85.

Jeder Anstaltsbeamte, welcher von den Leitern einer genehmigten Anstalt oder einer örtlichen Schulbehörde beauftragt ist, dafür zu sorgen, daß ein zur Unterbringung verurteilter jugendlicher Rechtsbrecher oder solches Kind nach oder von der Anstalt gebracht oder, im Falle der Entweichung oder Weigerung zurückzukehren, festgenommen und in die Anstalt zurückgebracht werde, genießt während und bei Ausführung solchen Auftrages allen Schutz sowie alle Rechte und Vorrechte eines Polizeibeamten.

§ 86.

Die Verleihung, der Widerruf und der Verzicht auf eine Genehmigung einer Besserungs- oder Erziehungsanstalt sind vom Staatssekretär binnen eines Monats in der London Gazette zu veröffentlichen.

§ 87.

1. Jeder auf Grund dieses Abschnittes ergehende Beschluß oder sonstige Erlaß des Staatssekretärs kann vom Staatssekretär oder von einem Unterstaatssekretär unterzeichnet sein.

2. Jede auf Grund dieses Abschnittes ergehende Verfügung der Leiter einer genehmigten Anstalt kann von den Leitern oder dem Verwalter der Anstalt unterzeichnet sein.

3. Jede Zustellung eines Bescheides an die Leiter einer genehmigten Anstalt kann an einen der Leiter persönlich oder durch die Post oder auf andere Weise in einem Briefe erfolgen, welcher an die Leiter oder an einen von ihnen in der Schule oder der letzten bekannten Wohnung eines der Anstaltsleiter oder des Verwalters gerichtet ist; sind die Anstaltsleiter eine örtliche Behörde, so kann die Zustellung an den Sekretär dieser Behörde erfolgen.

4. Keine in Ausführung der Bestimmungen dieses Abschnittes ergehende Ladung, Zustellung oder Verfügung soll ungültig sein, nur weil ihre Form mangelhaft ist.

5. Der Staatssekretär kann für den Gebrauch bei Ausführung der Bestimmungen dieses Abschnittes, mit Ausnahme des gerichtlichen Verfahrens, Formulare vorschreiben.

§ 88.

1. Die Vorweisung der London Gazette, welche die Bekanntmachung der Verleihung, des Widerrufs oder des Verzichts auf die einer Anstalt erteilte Genehmigung enthält, ist ein hinreichendes Beweismittel für die Tatsache, daß solche Genehmignng, Verleihung oder solcher Verzicht gehörig erfolgt ist.

2. Die erteilte Genehmigung kann auch durch Vorzeigung der Genehmigungsurkunde in Urschrift oder in einer vom Generalinspektor der Besserungs- und Erziehungsanstalten beglaubigten Abschrift, bewiesen werden.

3. Ein vorgeblich von den Leitern oder ihrem Sekretär oder dem Verwalter oder Vorsteher einer genehmigten Anstalt unterschriebenes Schriftstück, welches bescheinigt, daß ein Zögling in die betreffende Anstalt aufgenommen ist und sich zur Zeit noch dort befindet, oder daß mit ihm in anderer gesetzmäßiger Weise verfahren worden ist, gilt als Beweis für die Wahrheit der aufgeführten Tatsachen.

4. Ein Schriftstück, welches einen von den Mitgliedern des Gerichtshofes, der den Beschluß erlassen hat, vorgeblich unterzeichneten Gerichtsbeschluß oder eine vorgeblich von dem Gerichtsschreiber jenes Gerichts beglaubigte Abschrift des Beschlusses darstellt, gilt als Beweis für die Gültigkeit des Beschlusses.

5. Ein vorgeblich von dem Generalinspektor der Besserungs- und Erziehungsanstalten unterzeichnetes Exemplar der Hausordnung einer genehmigten Anstalt gilt als Beweis für die Gültigkeit jener Hausordnung.

6. Ein vorgeblich von der Hand des Generalinspektors, eines Inspektors oder Inspektionsgehülfen der Besserungs- und Erziehungsanstalten herrührendes Schriftstück, inhalts dessen eine von einem Vater oder einem Dritten zu zahlende Unterhaltsbeihülfe überfällig und nicht gezahlt ist, gilt als Beweis für solche Tatsache.

7. Eine Anstalt, welcher ein jugendlicher Rechtsbrecher oder ein Kind auf Grund dieses Abschnittes überwiesen ist, gilt bis zum Beweise des Gegenteils als genehmigte Anstalt.

§ 89.

Die Zeit, während welcher ein Kind in einer genehmigten Anstalt untergebracht ist, wird in keinem Falle in die von § 1 des Poor Removal Act, 1846 oder von den dieses Gesetz abändernden Gesetzen erwähnte Zeitspanne eingerechnet.

§ 90.

Dieser Abschnitt findet, mit folgenden Abweichungen, auf alle vor dem Inkrafttreten dieses Gesetzes ordnungsmäßig gegründeten Besserungs- und Erziehungsanstalten Anwendung:

1. anstelle des Generalinspektors der Besserungs- und Erziehungsanstalten tritt der Vorsteher der Anstalt als diejenige Person, welcher jede Änderung des Wohnortes des Vaters oder der sonst beitragspflichtigen Person anzuzeigen ist,

2. eine vorgeblich von dem Vorsteher der Anstalt oder einem anderen, von den Anstaltsleitern hierzu ausdrücklich ermächtigten Anstaltsbeamten unterzeichnetes Schriftstück, inhaltsdessen eine von dem Vater oder einem Dritten zu zahlende Unterhaltsbeihilfe überfällig und nicht gezahlt ist, gilt als Beweis für solche Tatsache.

§ 91.

Obwohl das vorliegende Gesetz die Middlesex Industrial School Acts aufhebt, behalten die auf Grund dieser Gesetze angenommenen Beamten und Angestellten, welche bei dem Inkrafttreten des Local Government Act, 1888 Beamte und Angestellte des Londoner Grafschaftsrats wurden, und welche ihre Stellen bei dem Inkrafttreten des vorliegenden Gesetzes inne haben, ihre Ämter unter den alten Bedingungen bei, gleich als ob das vorliegende Gesetz nicht erlassen wäre, und beziehen, so lange sie ihre alten Pflichten ausüben, nicht weniger als bisher an Gehalt, Entschädigungsgeldern und eventuell Pension, gleich als ob das vorliegende Gesetz nicht erlassen wäre.

§ 92.

Die Bestimmungen dieses Gesetzes bezüglich in genehmigten Anstalten untergebrachter jugendlicher Rechtsbrecher und Kinder finden, mit Ausnahme der Vorschriften, welche örtlichen Behörden die Pflicht auferlegen, solche Zöglinge zu unterhalten, auf alle Zöglinge, welche auf Grund von durch dieses Gesetz aufgehobenen gesetzlichen Bestimmungen bei dem Inkrafttreten dieses Gesetzes in genehmigten Anstalten untergebracht waren, Anwendung, gleich als ob sie auf Grund dieses Gesetzes untergebracht wären; unberührt bleiben aber Verpflichtungen, welche eine örtliche Behörde inbezug auf einen solchen Zögling übernommen oder auferlegt bekommen hat; auch wird eine örtliche Behörde in keiner Weise gehindert, die vor dem Inkrafttreten dieses Gesetzes gezahlten Unterhaltsbeiträge weiter zu zahlen.

§ 93.

(Enthält formale Sondervorschriften für die Insel Man und die Kanalinseln).

Abschnitt V.

Jugendliche Rechtsbrecher.

§ 94.

Kann eine anscheinend unter 16 Jahren alte Person, wenn sie mit oder ohne richterlichen Haftbefehl festgenommen ist, nicht alsbald vor ein Untergericht gebracht werden, so hat der Polizeioberinspektor oder Polizeiinspektor oder andere im Range gleich oder höher stehende Polizeibeamte oder der Vorsteher des Polizeibureaus, in welches jene Person gebracht wird, den Fall zu untersuchen (und darf solches in jedem Falle tun) und solche Person gegen die von ihr oder ihrem gesetzlichen Vertreter mit oder ohne Bürgschaft eingegangene Verpflichtung gegen eine solche Kaution freizulassen, welche nach seinem Ermessen hinreicht, um die Person zum Erscheinen vor Gericht zu veranlassen, es sei denn daß

a) die Beschuldigung auf Totschlag oder ein anderes schweres Verbrechen lautet,
b) es im Interesse der Person notwendig erscheint, sie aus der bisherigen Gesellschaft eines notorischen Verbrechers oder einer Dirne zu entfernen,
c) der Polizeibeamte Grund zur Annahme hat, daß die Strafverfolgung durch die Freilassung der Person vereitelt werden würde.

§ 95.

Wird eine anscheinend unter 16 Jahren alte Person hiernach nicht freigelassen, so hat der Polizeibeamte dafür zu sorgen, daß die Person in einem Gewahrsam (place of detention), wie sie dieser Abschnitt vorsieht, so lange festgehalten werde, bis sie vor ein Untergericht gebracht werden kann,

es sei denn, daß der Polizeibeamte bescheinigt:

a) daß solche Unterbringung unausführbar ist,
b) daß die Person so unbotmäßigen Charakters ist, daß sie in solchem Gewahrsam nicht sicher verwahrt werden kann,
c) daß sich mit Rücksicht auf ihren geistigen oder körperlichen Zustand solche Unterbringung nicht empfiehlt.

Solche Bescheinigung ist dem Gerichte, vor welches die Person gebracht wird, vorzulegen.

§ 96.

Pflicht der Polizeibehörde ist es, Maßnahmen zu treffen, um tunlichst zu verhüten, daß ein Kind oder eine jugendliche Person während des Aufenthalts auf dem Polizeibureau sich mit einem erwachsenen Beschuldigten, der nicht sein Verwandter ist, einlasse.

§ 97.

1. Verhängt ein Untergericht über ein Kind oder eine jugendliche Person, welche nicht gegen Sicherheit freigelassen wird, die Untersuchungshaft, so hat es das Kind oder die jugendliche Person, anstatt in das Gefängnis in einen von diesem Abschnitte vorgesehenen, in dem Beschlusse zu benennenden Gewahrsam zu schicken, damit es hier solange festgehalten werde, als in dem Beschluß auf Verhängung der Untersuchungshaft gesagt ist, oder bis es im Laufe des Verfahrens aus dem Gewahrsam entfernt wird.

Diese Art der Inhaftierung ist jedoch für das Gericht nicht obligatorisch, wenn es sich um eine jugendliche Person handelt, von welcher das Gericht feststellt, daß sie so unbotmäßig ist, daß sie in einem Gewahrsam nicht sicher verwahrt werden kann, oder daß sie so verdorben ist, daß sie sich zu solcher Unterbringung nicht eignet.

2. Ein solcher Beschluß auf Unterbringung in einem Gewahrsam kann von jedem Untergerichte, welches an dem Orte, wo der Beschluß ergangen ist, sitzt und zuständig ist, abgeändert werden oder, wenn es sich um solche unbotmäßige oder verdorbene jugendliche Person handelt, widerrufen werden; im Falle des Widerrufs kann ihre Einlieferung in ein Gefängnis erfolgen.

§ 98.

1. Wird ein Kind oder eine jugendliche Person einer Straftat bezichtigt, oder wird ein Kind mit dem Antrage, es in einer Erziehungsanstalt unterzubringen, vor ein Friedensgericht gebracht, so kann der gesetzliche Vertreter stets und soll, wenn sein Aufenthalt bekannt und mäßig entfernt ist und es sich zugleich um ein beschuldigtes Kind handelt, veranlaßt werden, den Gerichtsverhandlungen während aller Instanzen beizuwohnen, es sei denn, daß das Gericht es für zwecklos hält, seine Gegenwart zu fordern.

2. Ist das Kind oder die jugendliche Person verhaftet, so hat der verhaftende Polizeibeamte oder der Vorsteher des Polizeibureaus, in welches der Täter eingeliefert wird, seinen gesetzlichen Vertreter, falls dessen Adresse zu ermitteln ist, aufzufordern, der Hauptverhandlung beizuwohnen.

3. Es können, um die Anwesenheit des gesetzlichen Vertreters zu erzwingen, seine Teilnahme am Strafverfahren und die Verhängung von Strafen gegen ihn zu ermöglichen, Ausführungsbestimmungen auf Grund von § 29 des Summary Jurisdiction Act, 1879 erlassen werden, welche, mit den erforderlichen Anpassungen und Abweichungen, die hierfür geeigneten Bestimmungen der Summary Jurisdiction Acts und des Indictable Offences Act, 1848 hier zur Anwendung bringen; diese Ausführungsbestimmungen können vorsehen, daß eine Ladung an ein Kind oder eine jugendliche Person mit einer Ladung an seinen gesetzlichen Vertreter verbunden werden kann.

4. Der gesetzliche Vertreter, dessen Anwesenheit verlangt wird, ist derjenige, der den tatsächlichen Gewahrsam und die Herrschaft über das Kind oder die jugendliche Person hat.

Ist dies nicht der Vater, so kann auch die Anwesenheit des letzteren verlangt werden.

5. Die Anwesenheit des Vaters eines Kindes oder einer jugendlichen Person soll auf Grund dieses Paragraphen dann niemals verlangt werden, wenn das Kind oder die jugendliche Person vor Einleitung des Strafverfahrens auf richterliche Verfügung von dem Vater entfernt war.

§ 99.

1. Ist ein Kind oder eine jugendliche Person einer Straftat angeklagt, wegen welcher auf eine Geldstrafe, Schadensersatz oder Kosten erkannt werden kann, und hält das Gericht das Erkennen auf solche Strafe, ohne oder neben einer anderen Strafart, für angebracht, so kann das Gericht stets und muß, falls der Täter ein Kind ist, bestimmen, daß Geldstrafe, Schadensersatz oder Kosten von dem Vater oder Vormund des Kindes anstelle des letzteren zu zahlen sind, es sei denn, daß der Vater oder Vormund nicht zu finden ist, oder daß er nicht durch schlechte Beaufsichtigung des Täters die Straftat mitverschuldet hat.

2. Ist ein Kind oder eine jugendliche Person einer Straftat angeklagt, so kann das Gericht den Vater oder Vormund anhalten, für das zukünftige Wohlverhalten des Täters durch Sicherheitsleistung einzustehen.

3. Hält ein Untergericht die Straftat eines Kindes oder einer jugendlichen Person für erwiesen, so kann es, ohne zur Verurteilung des Täters zu schreiten, bestimmen, daß der Vater oder Vormund auf Grund dieses Paragraphen Schadensersatz oder Kosten zu zahlen oder für das Wohlverhalten des Täters Sicherheit zu leisten habe.

4. Ein Beschluß auf Grund dieses Paragraphen kann gegen einen Vater oder Vormund erlassen werden, welcher trotz Ladung der Hauptverhandlung ferngeblieben ist; doch soll vorher dem Vater oder Vormund Gelegenheit zur Äußerung gegeben werden.

5. Jede auf Grund dieses Paragraphen einem Vater oder Vormund auferlegte oder bei Verfall der von ihm geleisteten Sicherheit fällig gewordene Summe kann durch Pfändung oder Haft in gleicher Weise beigetrieben werden, als ob die Summe zu zahlen wäre, nachdem das Kind oder die jugendliche Person wegen der ihr zur Last gelegten Straftat verurteilt worden wäre.

6. Gegen einen auf Grund dieses Paragraphen ergangenen Beschluß kann der Vater oder Vormund Berufung einlegen und zwar

a) wenn der Beschluß von einem Untergericht ausgeht: an ein Vierteljahresgericht,

b) wenn der Beschluß von einem Schwurgericht oder Vierteljahresgericht ausgeht: an den Strafgerichtsappellhof (Court of Criminal Appeal) gemäß dem Criminal Appeal Act, 1907 gleich als ob es sich um eine gegen den Vater oder Vormund im Wege des ordentlichen Verfahrens ergangenes Strafurteil handelte.

§ 100.

Die Verurteilung eines Kindes oder einer jugendlichen Person wegen eines Verbrechens gilt nicht als solche, was die Nebenstrafen (Amtsverlust usw.) anlangt.

§ 101.

Ist das Kind oder die jugendliche Person selbst zur Tragung der Kosten neben der Geldstrafe verurteilt, so darf der Betrag der zu zahlenden Kosten niemals mehr als die Geldstrafe betragen, und (falls es das Gericht nicht ausdrücklich anders zu bestimmen für gut befindet) alle diese Summe übersteigenden Vorschüsse, welche der Anzeigende zu zahlen oder gezahlt hat, sollen ihm erlassen oder zurückgezahlt werden, auch kann das Gericht bestimmen, daß die Geldstrafe ganz oder teilweise an den Anzeigenden zur Bestreitung der von ihm zu leistenden Vorschüsse zu zahlen sei.

§ 102.

1. Kein Kind darf wegen einer Straftat mit Zuchthaus oder Gefängnis bestraft oder wegen Nichtzahlung von Geldstrafe, Schadensersatz oder Kosten in ein Gefängnis gesetzt werden.

2. Keine jugendliche Person darf wegen einer Straftat mit Zuchthaus bestraft werden.

3. Keine jugendliche Person darf wegen einer Straftat mit Gefängnis bestraft oder wegen Nichtzahlung von Geldstrafe, Schadensersatz oder Kosten in ein Gefängnis gesetzt werden, es sei denn, daß die jugendliche Person nach Ansicht des Gerichts so unbotmäßig ist, daß sie in einem von diesem Abschnitte vorgesehenen Gewahrsam nicht festgehalten werden kann, oder daß sie so verdorben ist, daß sie nicht geeignet erscheint, dort untergebracht zu werden.

§ 103.

Auf Todesstrafe darf gegen ein Kind oder eine jugendliche Person nicht erkannt werden; statt dessen hat das Gericht auf Gewahrsam auf unbestimmte Dauer (during His Majesty's pleasure) zu erkennen; ist so erkannt, so ist der Täter, ungeachtet anderer Vorschriften in diesem Gesetze, an solchem Orte und unter solchen Bedingungen in Gewahrsam zu halten, wie der Staatssekretär anordnet. Der Aufenthalt in solchem Gewahrsam gilt als gesetzliche Haft.

§ 104.

Wird ein Kind oder eine jugendliche Person im ordentlichen Verfahren des versuchten Mordes, des Totschlages oder der schweren Körperverletzung überführt, und ist das Gericht der Ansicht, daß keine der von diesem Gesetze zugelassenen Strafen ausreicht, so kann es den Täter zu einer in dem Urteile zu benennenden Dauer von Gewahrsam verurteilen; der Täter ist dann, ungeachtet anderer Vorschriften in diesem Gesetze, an solchem Orte und unter solchen Bedingungen in Gewahrsam zu halten, wie der Staatssekretär anordnet. Der Aufenthalt in solchem Gewahrsam gilt als gesetzliche Haft.

§ 105.

1. Eine auf Grund der vorhergehenden beiden Paragraphen in Gemäßheit der Anordnung des Staatssekretärs im Gewahrsam befindliche Person kann jederzeit vom Staatssekretär mit Erlaubnisschein (on licence) freigelassen werden.

2. Der Erlaubnisschein kann solche Form besitzen und solche Bedingungen enthalten, wie der Staatssekretär anordnet.

3. Ein Erlaubnisschein kann jederzeit vom Staatssekretär widerrufen oder abgeändert werden. Im Fall des Widerrufs hat die Person, auf welche sich der Erlaubnisschein bezog, an denjenigen Ort zurückzukehren, wohin der Staatssekretär anordnet; kommt sie dieser Anordnung nicht nach, so kann sie ohne Haftbefehl ergriffen und an jenen Ort geschafft werden.

§ 106.

Wird ein Kind oder eine jugendliche Person einer Straftat überführt, welche, falls von einem Erwachsenen begangen, mit Zuchthaus oder Gefängnis bestraft würde, oder bei deren Begehung ein Erwachsener, falls er Geldstrafe, Schadensersatz oder Kosten nicht zahlte, zu Gefängnis verurteilt würde, und hält das Gericht keine der übrigen von dem Gesetze vorgesehenen Maßnahmen für angezeigt, so kann es, anstelle den Täter zu Gefängnis zu verurteilen oder für den Fall der Nichtbeitreibung auf Gefängnis zu erkennen, bestimmen, daß der Täter in einen von diesem Abschnitte vorgesehenen Gewahrsam gebracht werde. Dieser Gerichtsbeschluß hat den Gewahrsam und die Zeitdauer zu bezeichnen; letztere darf die Dauer der Gefängnisstrafe auf welche im Falle eines Erwachsenen hätte erkannt werden können, nicht übersteigen und niemals mehr als einen Monat betragen.

§ 107.

Hält ein Gericht ein einer Straftat angeklagtes Kind oder solche jugendliche Person für schuldig, so hat es zu erwägen, welche der folgenden Maßnahmen anzuwenden es für angezeigt hält:

Es kann:

a) die Anklage zurückweisen, oder

b) den Täter gegen Eingehung einer Verpflichtung entlassen, oder

c) den Täter so entlassen und ihn der Aufsicht eines Bewährungsbeamten unterstellen, oder
d) den Täter der Obhut eines Verwandten oder einer anderen geeigneten Person anvertrauen, oder
e) den Täter einer Erziehungsanstalt überweisen, oder
f) den Täter einer Besserungsanstalt überweisen, oder
g) auf Prügelstrafe gegen den Täter erkennen, oder
h) den Täter zur Zahlung einer Geldstrafe, von Schadensersatz oder Kosten verurteilen, oder
i) den Vater oder Vormund des Täters zur Zahlung einer Geldstrafe, von Schadensersatz oder Kosten verurteilen, oder
j) den Vater oder Vormund des Täters verurteilen, Sicherheit für sein künftiges Wohlverhalten zu leisten, oder
k) den Täter in einen von diesem Abschnitt vorgesehenen Gewahrsam (place of detention) setzen lassen, oder
l) den Täter, falls er eine jugendliche Person ist, zu Gefängnis verurteilen, oder
m) mit dem Falle in einer anderen, gesetzlich zulässigen, Weise verfahren.

Dieser Paragraph schafft nichts Neues; er gibt dem Gericht keine Befugnisse, die es auf Grund anderer Paragraphen dieses Gesetzes nicht hätte.

§ 108.

1. Pflicht einer jeden Polizeibehörde ist es, in ihrem Bezirk Vorsorge für das Vorhandensein der erforderlichen Gewahrsame (places of detention) für jeden Friedensgerichtssprengel zu treffen; zu diesem Behufe kann sie entweder mit dem Inhaber eines in oder außerhalb des Bezirkes befindlichen Gebäudes vereinbaren, daß seine Räume dem gedachten Zwecke dienen sollen, oder selbst solchen Gewahrsam einrichten oder sich mit einer anderen Polizeibehörde zur Gründung solchen Gewahrsams zusammentun; ein und derselbe Gewahrsam kann zwei oder mehreren Friedensgerichtssprengeln dienen.

2. Befindet sich in einem Friedensgerichtssprengel mehr als ein Gewahrsam, so kann die Polizeibehörde bestimmen, daß der eine Gewahrsam ausschließlich für den einen der Zwecke, für welche Gewahrsame vorgesehen sind, benutzt werde, die anderen Gewahrsame für die anderen Zwecke.

3. Die Polizeibehörde hat vor dem Abschlusse eines Abkommens mit dem Inhaber bestimmter Räume sich zu vergewissern, daß er geeignet ist, die Obhut und Fürsorge über seinem Gewahrsam anvertraute Kinder und jugendliche Personen auszuüben, desgleichen, daß die von ihm hierfür getroffenen Einrichtungen zweckentsprechend sind.

4. Eine Behörde oder Privatperson, welche für die Leitung einer Anstalt, welche kein Gefängnis ist, verantwortlich ist — mag diese Anstalt aus öffentlichen Mitteln oder durch freiwillige Beiträge unter-

halten werden — ist befugt, und zwar, sofern es sich um eine aus öffentlichen Mitteln unterhaltene Anstalt handelt mit Genehmigung der vorgesetzten Regierungsbehörde, mit der Polizeibehörde ein Abkommen zu treffen, daß die Anstalt ganz oder zum Teil als Gewahrsam gemäß den zwischen ihnen näher zu vereinbarenden Bedingungen diene.

5. Die Polizeibehörde hat ein Verzeichnis der von ihr für jeden Friedensgerichtssprengel beschafften Gewahrsame zu führen; dieses Verzeichnis hat zu enthalten: eine Beschreibung der Räume, die Namen des Inhabers der Räume und die zulässige Zahl von Kindern oder jugendlichen Personen, welche in den einzelnen Räumen gehalten werden dürfen. Kein Kind, keine jugendliche Person darf an einem nicht gehörig eingetragenen Orte gehalten werden.

6. Eine Abschrift des Verzeichnisses muß in jedem zuständigen Gerichtsgebäude und in jedem zuständigen Polizeibureau geführt werden.

7. Der eingetragene Inhaber eines eingetragenen Gewahrsams ist für die Obhut der dort festgehaltenen Kinder und jugendlichen Personen verantwortlich; sobald er hierzu ungeeignet erscheint oder die Aufnahme eines seinem Gewahrsam überwiesenen Kindes oder einer jugendlichen Person ablehnt, so kann die Polizeibehörde die Räume, deren eingetragener Inhaber er ist, vom Verzeichnis streichen.

8. Der Gerichtshof oder Polizeibeamte soll bei Auswahl des Gewahrsams tunlich auf das religiöse Bekenntnis des Kindes oder der jugendlichen Person Rücksicht nehmen.

9. Soll eine Person, welche unter eine der in Absatz 1 von § 58 dieses Gesetzes erwähnten Kategorien fällt oder unter diese fiele, falls sie ein Kind wäre, vor ein Friedensgericht gebracht werden, und erscheint es erforderlich, daß für diese Person zeitweilig ein Unterkommen beschafft werde, so kann, bis die Person vor Gericht gestellt werden kann, ein Gewahrsam als Unterkommen benutzt werden, gleich als ob sie festgenommen wäre.

10. Die Polizeibehörden sollen die ihnen durch diesen Paragraphen erteilten Rechte und Pflichten tunlich gleich nach dem Inkrafttreten dieses Gesetzes ausüben; die Beschaffung der von diesem Gesetze verlangten Gewahrsame wird aber erst mit dem 1. Januar 1910 obligatorisch.

11. Polizeibehörde bei Ausführung der Bestimmungen dieses Paragraphen ist für den Stadtbezirk London der Londoner Grafschaftsrat, für jede andere Stadt der Stadtrat und im übrigen der ständige Verwaltungsausschuß der Grafschaft.

12. Das Ministerium für die Lokalverwaltung (Local Government Board) kann durch Erlaß jedes von der Londoner Asylverwaltung (Metropolitan Asylums Board) auf Grund von § 4 des Youthful Offenders Act, 1901 als Untersuchungshaft-Heim (remand home) eingerichtete Gebäude, zugleich mit den auf das Gebäude bezüglichen Verpflichtungen der Asylverwaltung, dem Londoner Grafschaftsrat

übertragen; hierdurch werden solche Gebäude Gewahrsame im Sinne dieses Abschnittes. Der Erlaß kann auch bestimmen, daß die bis dahin bei den Untersuchungshaft-Heimen von der Asylverwaltung angestellten Beamten übernommen werden und ihre Anwartsschaften auf Pensionen und andere Bezüge behalten.

§ 109.

1. Der Beschluß oder das Urteil, auf Grund dessen ein Kind oder eine jugendliche Person einem Gewahrsam überwiesen wird, ist bei Einlieferung des Kindes oder der jugendlichen Person dem Verwalter des Gewahrsams zu übergeben und stellt eine ausreichende Legitimation zur Festhaltung in Gemäßheit des Wortlautes der Urkunde dar.

2. Eine Person gilt, während sie in einem Gewahrsam festgehalten wird oder während sie nach oder von solchem Gewahrsam transportiert wird, als in gesetzlicher Haft befindlich; entweicht sie, so kann sie ohne Haftbefehl ergriffen und in den Gewahrsam zurückgeschafft werden.

3. Der Staatssekretär hat die regelmäßige Inspizierung der von diesem Abschnitt vorgesehenen Gewahrsame zu veranlassen, desgleichen kann er allgemeine Grundsätze aufstellen bezüglich der Räume, welche als Gewahrsame benutzt werden dürfen, und ihrer Inspizierung sowie bezüglich der Einteilung, Behandlung und Beschäftigung der in solchen Gewahrsamen festgehaltenen Kinder und jugendlichen Personen; er kann auch allgemein anordnen, daß die Insassen der Gewahrsame regelmäßig von hierfür anzustellenden Personen besucht werden.

§ 110.

1. Die Ausgaben der Polizeibehörde für die von ihr beschafften Gewahrsame einschließlich der Ausgaben für den Unterhalt der Insassen, aus welchem gesetzlichen Grunde diese auch dem Gewahrsam überwiesen sein mögen, sind aus dem Polizeifonds dieser Polizeibehörde zu bezahlen.

2. Zu den Kosten des Unterhalts eines einem Gewahrsam so überwiesenen Kindes oder solcher jugendlichen Person soll aus vom Parlament bewilligten Geldern ein solcher Zuschuß geleistet werden, wie der Staatssekretär durch Erlaß mit Zustimmung des Schatzamtes bestimmt; diese Summen sollen der Polizeibehörde, welche die Kosten ausgelegt hat, als Erstattung dieser Kosten, gezahlt werden.

3. Dieser Abschnitt betrifft im Bezirk Groß-London, was die Polizeibehörden anlangt: den Londoner Grafschaftsrat, den ständigen Ausschuß einer Grafschaft oder den Stadtrat; was die Polizeifonds anlangt: Die Grafschaftskasse, die Stadtkasse oder die Steuerkasse.

§ 111.

1. Verhandelt ein Untergericht über eine Anklage gegen Kinder oder jugendliche Personen oder über Anträge in bezug auf Beschlüsse

oder Erlaubnisscheine, welche sich auf Kinder oder jugendliche Personen beziehen, wobei die Anwesenheit des Kindes oder der jugendlichen Person erforderlich ist, so hat das Gericht, falls die Anklage sich nicht gleichzeitig gegen einen Erwachsenen richtet, entweder in einem anderen Gebäude oder Raume, oder an anderen Tagen oder zu anderen Zeiten, als in und an welchen die gewöhnlichen Sitzungen stattfinden, zu tagen. Ein in dieser Weise tagendes Untergericht wird in diesem Gesetze als ein Jugendgericht (juvenile court) bezeichnet.

2. Zeigt sich im Laufe der Verhandlung vor einem Jugendgericht, daß die angeblich jugendliche Person bereits 16 Jahre alt und darüber ist, oder zeigt sich vor einem gewöhnlichen Untergericht, daß die betreffende Person unter 16 Jahren alt ist, so hindert gleichwohl nichts das Gericht, falls es eine Vertagung für unzweckmäßig hält, den Fall weiter zu erörtern und zu Ende zu führen.

3. Vorsorge ist zu treffen, daß anscheinend noch nicht 16 Jahre alte Personen verhindert werden, auf dem Transport zum und vom Gericht, sowie während des Wartens vor oder nach dem Termin mit Erwachsenen in Berührung zu kommen, welche einer Straftat beschuldigt werden — sofern es sich nicht um die gleiche Straftat handelt, welcher die anscheinend noch nicht 16 Jahre alte Person mitbeschuldigt wird.

4. Bei der Verhandlung vor einem Jugendgericht dürfen, außer mit besonderer Genehmigung des Gerichts, nur zugegen sein: die Mitglieder und Beamten des Gerichts, die Parteien der betreffenden Sache, ihre Advokaten und Rechtsbeistände, sowie andere, unmittelbar an der Sache beteiligte Personen.

Zuverlässige Vertreter einer Zeitung oder Zeitungskorrespondenz sollen nicht ausgeschlossen werden.

5. Seine Majestät kann durch Staatsratsbeschluß (Order in Council) auf Grund der Metropolitan Police Courts Acts, 1839 und 1840 im Polizeigerichtssprengel Groß-London die Einrichtung von einem oder mehreren besonderen Jugendgerichten herbeiführen und durch solchen Beschluß jedem solchen Gerichte einen bestimmten Teil des Bezirkes als Gerichtssprengel zuweisen. Ist solcher Beschluß ergangen, so hat der Londoner Grafschaftsrat auf Verlangen des Staatssekretärs die hierzu erforderlichen Einrichtungen bei irgend einem von ihm beschafften Gewahrsam (place of detention) zu treffen und zwar, was die Kosten und andere Punkte anlangt, gemäß den zwischem dem Staatssekretär und dem Grafschaftsrat zu treffenden Vereinbarungen; mangels Einigung entscheidet das Schatzamt.

6. Überzeugt sich der Staatssekretär, daß die zur Ausführung dieses Paragraphen erforderlichen Einrichtungen an irgend einem Orte bis zum 1. April 1909 nicht getroffen werden können, so kann er für diesen Ort durch Erlaß ein späteres Datum für das Inkrafttreten dieses Paragraphen bestimmen, spätestens aber den 1. Januar 1910.

§ 112.

Die Bestimmungen dieses Abschnittes, welche die Einlieferung eines Kindes oder einer jugendlichen Person in ein Gefängnis, sei es als Untersuchungsgefangene oder als Strafgefangene — auch wegen Nichtzahlung einer Geldstrafe von Schadensersatz oder Kosten — verbieten oder einschränken, sollen erst mit dem 1. Januar 1910 in Kraft treten; nichts hindert gleichwohl ein Gericht, ein Kind oder eine jugendliche Person bereits vorher einem Gewahrsam (place of detention) zu überweisen, falls ein solcher dort bereits eingerichtet ist.

§ 113.

Dieser Abschnitt findet keine Anwendung auf Verfahren, welche vor dem 1. April 1909 eingeleitet sind.

Abschnitt VI.

Verschiedenes. Allgemeine Bestimmungen.

Verschiedenes.

§ 114.

Das Gericht kann, zusätzlich zu und unbeschadet seiner Befugnisse die Öffentlichkeit auszuschließen wenn ein Kind oder eine jugendliche Person als Zeuge in einem Verfahren zu vernehmen ist, in welchem es sich um ein Vergehen oder eine Zuwiderhandlung gegen Anstand und Sitte handelt, anordnen, daß während dieser Vernehmung andere Personen, als die Mitglieder oder Beamten des Gerichts oder die Parteien der betreffenden Sache, ihre Advokaten und Rechtsbeistände oder andere, unmittelbar an der Sache beteiligte Personen, nicht zugegen sein dürfen. Die Befugnis, zuverlässige Vertreter einer Zeitung oder Zeitungskorrespondenz von der Anwesenheit auszuschließen, ist hiermit nicht gegeben.

§ 115.

Kein Kind (ausgenommen ein noch auf dem Arm getragenes) darf den Strafverhandlungen vor Gericht oder den vorbereitenden Verhandlungen hierzu beiwohnen; geschieht es doch, so ist es hinauszuweisen; ausgenommen, wo das Kind selbst beschuldigt ist oder während der Zeit, daß seine Anwesenheit wegen seiner Vernehmung als Zeuge oder für andere Zwecke der Justiz erforderlich erscheint.

Dieser Paragraph findet keine Anwendung auf Boten, Schreiber und andere Personen, welche durch ihren Beruf vor Gericht anwesend sein müssen.

§ 116.

1. Ein Händler mit altem Metall im Sinne des Prevention of Crimes Act, 1871 oder von Abschnitt IX des Merchant Shipping Act,

1894, welcher von einer anscheinend unter 16 Jahren alten Person altes Metall kauft, gleich, ob diese Person im eigenen oder in fremdem Namen die Ware zum Kaufe anbietet, wird im Wege des summarischen Verfahrens mit einer Geldstrafe bis zu fünf Pfund bestraft.

2. Altes Metall im Sinne dieses Paragraphen begreift Metallabfall, Metallbruch, unfertige Metallwaren, sowie alte und entstellte Metallwaren.

§ 117.

Ein Pfandleiher, welcher von einer anscheinend unter 14 Jahre alten Person einen Gegenstand zum Pfande nimmt, gleichviel, ob diese Person die Sache im eigenen oder in fremdem Namen anbietet, begeht eine Zuwiderhandlung gegen den Pawnbrokers Act, 1872; unberührt jedoch bleibt die Bestimmung des § 50 des Metropolitan Police Act, 1839.

§ 118.

1. Wer gewohnheitsmäßig von Ort zu Ort wandert und dabei ein über 5 Jahre altes Kind mit sich führt, wird, falls er nicht nachweist, daß das Kind gänzlich vom Schulbesuch befreit ist, oder daß das Kind nicht durch solches Umherführen dem erforderlichen Elementarunterricht entzogen wird, im summarischen Verfahren mit einer Geldstrafe einschließlich Kosten bis zu zwanzig Schilling bestraft und gilt, was die Vorschriften dieses Gesetzes betreffend die Kategorien von Kindern anlangt, welche einer genehmigten Erziehungsanstalt überwiesen werden können, als jemand, der nicht die erforderliche Obhut über das Kind ausübt.

Diese Vorschrift findet keine Anwendung auf Kinder auf einem Kanalboot, für deren Erziehung durch den Canal Boats Act, 1877 und die ihn abändernden Gesetze Vorsorge getroffen ist.

2. Jeder Polizeibeamte, welcher eine von Ort zu Ort wandernde Person, die ein Kind mit sich führt, antrifft und Grund zur Annahme hat, daß diese Person sich einer Zuwiderhandlung gegen den Paragraphen schuldig gemacht hat, kann sie ohne Haftbefehl festnehmen und das Kind gemäß Abschnitt II dieses Gesetzes*) an einen Zufluchtsort bringen. Jener Abschnitt findet dann hier entsprechende Anwendung.

3. Dieser Paragraph findet, unbeschadet der Erfordernisse und Maßnahmen der Education Acts, 1870 bis 1907 in Bezug auf Schulbesuch, keine Anwendung während der Monate April bis einschließlich September auf Kinder, deren Vater oder Vormund durch seinen Beruf gezwungen ist, von Ort zu Ort zu reisen, und welche eine Bescheinigung darüber erhalten haben, daß sie in den unmittelbar vorhergehenden Monaten Oktober bis März wenigstens 200mal dem Unterricht in einer öffentlichen Volksschule beigewohnt haben; die Schulbehörde, welche bereits jetzt befugt ist, allgemeine Vorschriften über

*) § 20.

die Ausstellung von Schulbesuchsbescheinigungen für die Zwecke der Education Acts, 1870 bis 1907 zu erlassen, ist nunmehr auch befugt, Vorschriften über die Ausstellung von Schulbesuchsbescheinigungen für die Zwecke des vorliegenden Paragraphen zu erlassen.

§ 119.

Wer ohne Anweisung einer geprüften Medizinalperson oder ohne, daß eine Erkrankung vorliegt oder befürchtet wird, oder ohne anderen wichtigen Grund einem unter fünf Jahre alten Kinde irgend ein berauschendes Getränk verabreicht oder verabreichen läßt, wird im Wege des summarischen Verfahrens mit einer Geldstrafe bis zu drei Pfund bestraft.

§ 120.

1. Der Konzessionsinhaber eines Schanklokals darf keinem Kinde den Aufenthalt in dem Lokale, außer nach Schluß desselben, gestatten.

2. Wenn der Konzessionsinhaber diesem Paragraphen zuwiderhandelt, oder wenn jemand veranlaßt oder bewirkt oder zu veranlassen oder zu bewirken sucht, daß ein Kind ein Schanklokal, außer nach Schluß desselben, betrete oder in solchem verweile, so wird er im Wege des summarischen Verfahrens mit einer Geldstrafe bestraft, welche bei der ersten Zuwiderhandlung vierzig Schilling, bei jeder folgenden Zuwiderhandlung fünf Pfund nicht übersteigen darf.

3. Wird ein Kind in einem konzessionierten Schanklokal, außer nach Schluß desselben, betroffen, so wird angenommen, daß der Konzessionsinhaber eine Zuwiderhandlung gegen diesen Paragraphen begangen hat, es sei denn daß er nachweist, daß er alles getan hat, um den Zutritt des Kindes zu verhindern, oder daß das Kind anscheinend über 14 Jahre alt war.

4. Dieser Paragraph findet keine Anwendung auf die Kinder des Konzessionsinhabers noch auf ein in den Räumen der konzessionierten Schankwirtschaft wohnendes, aber dort nicht beschäftigtes Kind, noch auf Fälle, wo ein Kind sich in einem Schanklokale nur deshalb befindet, weil es durch das Lokal hindurch muß, um zu oder aus einem anderen Teile desselben Gebäudes zu gelangen, welches keine Schankwirtschaft ist, und ein anderer Durchgang nicht vorhanden ist, noch auf Bahnhofswirtschaften, noch auf andere Räumlichkeiten, welche erlaubten Zwecken dienen, bei denen der Besitz einer Schankkonzession nur nebenbei erforderlich ist.

5. Konzessioniertes Schanklokal im Sinne dieses Paragraphen ist jede offene Schankwirtschaft oder jeder Teil derselben, welcher ausschließlich oder in der Hauptsache dem Verkaufe und dem Genusse von berauschenden Getränken dient; die Ausdrücke Konzession und konzessioniertes Schanklokal haben dieselbe Bedeutung wie in den Licensing Acts, 1828 bis 1906.

§ 121.

1. Wird ein Vergnügen für Kinder, oder bei welchem die Mehrzahl der Anwesenden aus Kindern besteht, abgehalten, und beträgt die Zahl der anwesenden Kinder mehr als 100 und geht der Zugang zu irgend einem Raume, in welchem sich Kinder befinden, über eine Treppe, so hat der Unternehmer des Vergnügens dafür zu sorgen, daß an allen Stellen, wo es notwendig ist, eine genügende Zahl erwachsener Aufseher aufgestellt werde und aufgestellt bleibe, welche gehörig über ihre Pflicht unterrichtet sind, zu verhindern, daß mehr Kinder oder Personen als zulässig in irgend einen Raum gelassen werden. welche ferner das Hineingehen und Herausgehen aus den Räumen zu überwachen und alle geeigneten Vorsichtsmaßregeln für die Sicherheit der Kinder zu treffen haben.

2. Überläßt der Inhaber eines Gebäudes dieses gegen Miete oder Entschädigung zum Zwecke eines Vergnügens, so hat er alle geeigneten Schritte zu tun, um die Befolgung der Vorschriften dieses Paragraphen zu sichern.

3. Wer der ihm durch diesen Paragraphen auferlegten Verpflichtung nicht nachkommt, wird im Wege des summarischen Verfahrens mit einer Geldstrafe bestraft, welche im Falle der ersten Zuwiderhandlung bis zu fünfzig Pfund, im Falle der zweiten oder folgenden Zuwiderhandlung bis zu einhundert Pfund betragen kann. Gleichzeitig kann, wenn das Gebäude auf Grund der Gesetze über Schauspiel-, Musik- und Tanz-Aufführungen genehmigt war, diese Genehmigung von der sie erteilenden Behörde entzogen werden.

4. Ein Polizeibeamter darf jedes Gebäude, von welchem er anzunehmen Grund hat, daß in ihm solches Vergnügen stattfindet oder alsbald stattfinden wird, betreten, um sich zu überführen, daß den Vorschriften dieses Paragraphen entsprochen ist.

5. Soll in einem Gebäude eine Zuwiderhandlung gegen die Vorschriften dieses Paragraphen begangen sein, so hat, wenn das Gebäude von dem Lord Großkämmerer oder wenn es von dem Grafschafts- oder Stadtrat auf Grund der Gesetze über Theater-, Musik- und Tanz-Aufführungen genehmigt war, der Grafschaftsrat oder Stadtrat, in allen übrigen Fällen die Polizeibehörde ein Verfahren auf Grund dieses Paragraphen einzuleiten.

6. Dieser Paragraph findet keine Anwendung auf Vergnügen, welche in einem privaten Wohnhause abgehalten werden.

§ 122.

1. Eine örtliche Schulbehörde kann ihren Medizinalbeamten oder eine von diesem schriftlich ermächtigte Person, welche auf Verlangen die Ermächtigung vorzuzeigen hat, beauftragen, in einer von ihr unterhaltenen öffentlichen Volksschule den Körper und die Kleidung irgend eines diese Schule besuchenden Kindes zu besichtigen; findet der Medizinalbeamte oder der von ihm Beauftragte, daß der Körper oder die Kleidung des Kindes mit Ungeziefer behaftet oder in übel-

riechendem oder schmutzigem Zustande ist, so kann die örtliche Schulbehörde hiervon den Vater, Vormund oder die sonst unterhaltspflichtige Person benachrichtigen und sie auffordern, Körper und Kleidung des Kindes binnen 24 Stunden seit Empfang der Aufforderung gehörig zu reinigen.

2. Kommt diese Person der Aufforderung binnen der genannten Frist von 24 Stunden nicht nach, so kann der Medizinalbeamte oder die von ihm schriftlich ermächtigte Person, welche auf Verlangen die Ermächtigung vorzuzeigen hat, das in der Aufforderung genannte Kind aus der Schule entfernen und seinen Körper sowie seine Kleidung an einem geeigneten Orte mit geeigneten Mitteln gehörig reinigen lassen, auch das Kind, falls erforderlich, zu diesem Behufe ohne Haftbefehl an solchen geeigneten Ort bringen lassen und es dort bis zur erfolgten Reinigung festhalten.

3. Ist im Bezirk einer örtlichen Schulbehörde seitens einer Sanitätsbehörde ein Raum oder sind Gerätschaften von dieser beschafft, um Menschen und Kleider von Ungeziefer zu reinigen, oder steht der Sanitätsbehörde das Benutzen solchen Raumes oder solcher Gerätschaften zu, so hat sie der örtlichen Schulbehörde auf Verlangen zu gestatten, den Raum oder die Gerätschaften für die Zwecke dieses Paragraphen zu benutzen und zwar, falls eine Entschädigung verlangt wird, gegen eine solche, welche der freien Vereinbarung zwischen den beiden Behörden unterliegt, welche aber mangels einer gütlichen Vereinbarung vom Ministerium für die Lokalverwaltung festzusetzen ist.

4. Vernachlässigt der Vater, Vormund oder die sonst unterhaltspflichtige Person das Kind, nachdem dessen Körper oder Kleidung durch die Schulbehörde gereinigt ist, weiter in einer Weise, daß die Reinigung von neuem erforderlich wird, so wird der Vater, Vormund oder Dritte im Wege des summarischen Verfahrens mit einer Geldstrafe bis zu zehn Schilling bestraft.

5. Fordert eine örtliche Schulbehörde den Vater, Vormund oder Dritten auf, den Körper oder die Kleidung eines Kindes zu reinigen, so soll sie ihm auch eine schriftliche Anweisung geben, wie die Reinigung am besten vorzunehmen sei.

6. Die Besichtigung und Reinigung von Mädchen auf Grund dieses Paragraphen darf nur von einer geprüften Medizinalperson oder von einer nach Obigem gehörig ermächtigten Frauensperson vorgenommen werden.

7. Medizinalbeamter im Sinne dieses Paragraphen ist jeder auf Grund von § 13 des Education (Administrative Provisions) Act, 1907 angestellte Beamte.

Allgemeine Bestimmungen.

§ 123.

1. Wird eine Person aus einem anderen Grunde, als um als Zeuge vernommen zu werden, vor ein Gericht gebracht und scheint sie dem Gericht ein Kind oder eine jugendliche Person zu sein, so

soll das Gericht gehörig nach dem Alter der Person forschen und hierüber eventuell im Laufe des Verfahrens Beweis erheben; jedoch wird ein Urteil oder Beschluß nicht deshalb ungültig, weil sich nachträglich herausstellt, daß das Gericht das Alter nicht richtig angenommen hat, vielmehr gilt das Alter, welches vom Gericht angenommen oder festgestellt wird, für die Zwecke dieses Gesetzes als das wirkliche Alter der Person, und hält das Gericht die Person für 16 Jahre alt oder darüber, so gilt das Kind nicht als Kind oder jugendliche Person im Sinne dieses Gesetzes.

2. Heißt es bei einer Strafanzeige oder Anklage wegen Zuwiderhandlung gegen dieses Gesetz oder gegen Anhang I dieses Gesetzes (mit Ausnahme einer Zuwiderhandlung gegen den Criminal Law Amendment Act, 1885), daß die Person, von welcher oder gegen welche die Straftat begangen ist, ein Kind oder eine jugendliche Person oder unter oder über einem bestimmten Alter sei, und scheint dem Gericht die Person zur Zeit der Tat ein Kind, eine jugendliche Person oder so alt wie angegeben gewesen zu sein, so gilt für die Zwecke dieses Gesetzes bis zum Beweise des Gegenteils die Vermutung, daß die Person zur Zeit der Tat dieses betreffende Alter gehabt hat.

3. Heißt es bei einer Strafanzeige oder Anklage wegen Zuwiderhandlung gegen dieses Gesetz oder gegen Anhang I dieses Gesetzes, daß die Person, gegen welche die Straftat begangen ist, ein Kind oder daß sie eine jugendliche Person sei, so ist der Nachweis, daß das angebliche Kind eine jugendliche Person oder daß die angeblich jugendliche Person ein Kind war, keine zulässige Entlastung, sobald es sich um eine Tat handelt, welche gleichfalls strafbar wäre, falls sie gegen eine jugendliche Person oder im anderen Falle, falls sie gegen ein Kind begangen wäre.

4. Wird jemand wegen einer Zuwiderhandlung gegen dieses Gesetz gegenüber einer Person beschuldigt, welche anscheinend unter einem bestimmten Alter war, so ist zu seiner Entlastung die Beweisführung zulässig, daß die Person tatsächlich das bestimmte Alter bereits erreicht oder überschritten hatte.

§ 124.

In jedem Verfahren auf Grund dieses Gesetzes gilt, wenn die Eintragung in ein Lohnbuch eines Arbeitgebers, oder falls solches Lohnbuch nicht geführt wird, wenn eine schriftliche Bescheinigung des Arbeitgebers oder seines verantwortlichen Vertreters vorgewiesen wird, bis zum Beweise des Gegenteils die Vermutung, daß die erwähnten Löhne tatsächlich gezahlt worden sind.

§ 125.

Unter die unterhaltspflichtigen Personen, gegen welche auf Grund dieses Gesetzes ein Befehl zum Beitragen zu dem Unterhalte eines jugendlichen Rechtsbrechers, einer jugendlichen Person oder eines Kindes ergehen kann, ist auch zu rechnen: der Stiefvater und, falls das Gericht es für angezeigt hält, derjenige, welcher mit der Mutter zusammenlebt, mag dieses der vermeintliche Vater sein oder nicht; im Falle eines unehelichen Kindes auch der mutmaßliche Erzeuger.

Ist im Falle der Unehelichkeit bereits vorher von einem Gericht auf Antrag der Mutter ein Befehl zur Zahlung von Alimenten ergangen, so soll das Gericht (es sei denn, daß es solches im Hinblick auf die besonderen Umstände des Falles doch für angezeigt hält) keinen Befehl zur Zahlung von Unterhaltsbeiträgen gegen den mutmaßlichen Erzeuger erlassen; es kann vielmehr anordnen, daß die Alimentationsgelder ganz oder zum Teil an den Generalinspektor der Besserungs- und Erziehungsanstalten oder an eine andere im Beschluß benannte Person zu zahlen sind, um von dieser für den Unterhalt des jugendlichen Rechtsbrechers, der jugendlichen Person oder des Kindes verwendet zu werden.

§ 126.

Die Waisenräte haben die erforderlichen Maßnahmen für die Aufnahme von Kindern und jugendlichen Personen zu treffen, welche auf Grund dieses Gesetzes in ein Armenhaus (workhouse) gebracht werden*). Ist der Ort, wo ein Kind oder eine jugendliche Person auf Grund dieses Gesetzes unterzubringen ist, ein Armenhaus, so hat der Hausvater (master) das Kind oder die jugendliche Person aufzunehmen, sofern dort die entsprechenden Einrichtungen getroffen sind, und alle für das Kind oder die jugendliche Person zu machenden Ausgaben sind aus der Gemeindekasse zu zahlen.

§ 127.

1. Wird ein Kind oder eine jugendliche Person auf Anordnung des Gerichts, wie von diesem Gesetze vorgesehen, von einer Person entfernt, welche auf Grund eines Auftrages für das Pflegen des Kindes oder der jugendlichen Person Anspruch auf eine Geldsumme besitzt, so kann das Gericht anordnen, daß diese Summen ganz oder zum Teil fortan an diejenige Person zu zahlen sind, welcher das Kind oder die jugendliche Person übertragen worden ist, damit sie von dieser Person gemäß den eventuellen Anordnungen des Gerichts im Sinne des Auftrages für das Kind oder die jugendliche Person verwendet werden.

2. Gegen solchen Beschluß eines Untergerichts ist die Berufung an das Vierteljahrsgericht zulässig.

§ 128.

1. Im Summary Jurisdiction Act, 1879 treten bei den Begriffsbestimmungen von „Kind“ und „jugendliche Person“ die Worte „vierzehn Jahre“ anstelle der bisherigen „zwölf Jahre“.

---

*) Siehe § 20 und § 131 Absatz 6.

2. Anhang I zum Summary Jurisdiction Act, 1879 begreift fortan auch die im Anhang II zu vorliegendem Gesetze aufgeführte Straftat, gleich als ob dieser Anhang II einen Teil des Anhanges I zum Summary Jurisdiction Act, 1879 bildete.

Kommt solche Straftat aber auf Grund des § 12 jenes Gesetzes vor einem Untergericht zur Aburteilung, so beträgt das Höchstmaß der zulässigen Strafe nicht drei sondern sechs Monate Gefängnis.

§ 129.

Die Bestimmungen der Summary Jurisdiction Acts finden Anwendung auf alle Beschlüsse, welche auf Grund dieses Gesetzes von einem Untergericht, sei es ein Friedensgericht oder nicht, erlassen werden; desgleichen auf alle Maßnahmen in Verfolg solcher Beschlüsse, und die Befugnis zum Erlasse von Ausführungsbestimmungen, welche § 29 des Summary Jurisdiction Act, 1879 verleiht, erstreckt sich auf den Erlaß von Ausführungsbestimmungen betreffend das Verfahren der Untergerichte auf Grund des vorliegenden Gesetzes und der einschlägigen Vorkommnisse.

§ 130.

Ein auf Grund dieses Gesetzes ergangener Staatsratbeschluß kann von einem späteren Staatsratbeschlusse widerrufen oder abgeändert werden.

§ 131.

Im Sinne dieses Gesetzes bedeutet, falls sich nicht aus dem Zusammenhang ein anderes ergibt:

der Ausdruck „Kind" (child): eine Person unter 14 Jahren;

der Ausdruck „jugendliche Person" (young person): eine Person von oder über 14 Jahren und unter 16 Jahren;

der Ausdruck „Vormund" (guardian) in Beziehung auf ein Kind, eine jugendliche Person oder einen jugendlichen Rechtsbrecher: jede Person, welche nach Ansicht des mit der Sache befaßten Gerichts zur Zeit den Gewahrsam oder die Obhut über das Kind, die jugendliche Person oder den jugendlichen Rechtsbrecher innehat;

der Ausdruck „gesetzlicher Vormund" (legal guardian) in Beziehung auf ein kleines Kind (infant), ein Kind, eine jugendliche Person oder einen jugendlichen Rechtsbrecher: eine Person, welche dem Gesetze gemäß auf Grund einer Urkunde oder letztwilligen Verfügung oder durch ein sachlich zuständiges Gericht zum Vormund bestellt ist;

der Ausdruck „Zufluchtsort" (place of safety): ein Armenhaus, Polizeibureau, Krankenhaus, eine Klinik oder jeden anderen geeigneten Raum, dessen Inhaber gewillt ist, ein kleines Kind, ein Kind oder eine jugendliche Person zeitweilig aufzunehmen;

der Ausdruck „Stadtrat“ (common council): den Bürgermeister, die Magistratsmitglieder und die Versammlung der Stadtverordneten der Stadt London;

der Ausdruck „örtliche Schulbehörde“ (local education authority): eine örtliche Schulbehörde im Sinne von Abschnitt III des Education Act, 1902;

der Ausdruck „Polizeibehörde“ (police authority) und „Polizeifonds“ (police fund), für die Stadt London: den Stadtrat und die Kasse, aus welcher die Kosten für die städtische Polizei bezahlt werden, anderswo: dasselbe wie im Police Act, 1890;

der Ausdruck „Gemeindekasse“ (common fund): für einen Armenverband, welcher aus einer einzigen Gemeinde besteht, die Armenkasse dieser Gemeinde;

der Ausdruck „Straße“ (street): jede Chaussee, öffentliche Brücke, Landstraße, jeden Fahrweg, Fußweg, Platz, Hof, Allee oder öffentlichen oder nicht öffentlichen Durchgang;

der Ausdruck „öffentlicher Ort“ (public place): jeden öffentlichen Park, Strand, Bahnhof, sowie jedes Grundstück, zu welchem zu der fraglichen Zeit das Publikum gegen oder ohne Zahlung Eintritt hatte;

der Ausdruck „berauschendes Getränk“ (intoxicating liquor): jedes gährende, destillierte oder geistige Getränk, welches zufolge der bestehenden Gesetzgebung ohne Erlaubnis der Steuerbehörde nicht verkauft werden darf.

§ 132.

(Enthält formale Sondervorschriften für Schottland.)

§ 133.

(Enthält formale Sondervorschriften für Irland.)

§ 134.

1. Dieses Gesetz kann zitiert werden als das Kindergesetz vom Jahre 1908 (Children Act, 1908).

2. Dieses Gesetz tritt, insoweit nicht ein anderes ausdrücklich bestimmt ist, am 1. April 1909 in Kraft.

3. Die im Anhang III aufgeführten Gesetze werden hiermit in dem in Spalte 3 dieses Anhangs erwähnten Umfange aufgehoben; alle auf Grund der bisherigen Gesetze ergangenen Erlasse, ausgestellten Zeugnisse, erfolgten Anstellungen und erlassenen Ausführungsbestimmungen behalten aber ihre Gültigkeit, gleich als ob sie auf Grund des vorliegenden Gesetzes ergangen wären.

Anhänge.

Anhang I.

(Zu Abschnitt II.)

Zuwiderhandlungen gegen §§ 27, 55 oder 56 des Offences against the Person Act, 1861 (24 & 25 Vict. c. 100) und Zuwiderhandlungen gegenüber einem Kinde oder einer jugendlichen Person gegen §§ 5, 42, 43, 52 oder 62 desselben Gesetzes oder gegen den Criminal Law Amendment Act, 1885 (48 & 49 Vict. c. 69).

Zuwiderhandlungen gegen die Dangerous Performances Acts, 1879 und 1897 (42 & 43 Vict. c. 34; 60 & 61 Vict. c. 52).

Alle Straftaten, welche eine Körperverletzung eines Kindes oder einer jugendlichen Person einschließen.

Anhang II.

(Zu § 128.)

Erste Spalte. Geständige Erwachsene.	Zweite Spalte. Einwilligende Erwachsene.
	Wer eine männliche oder weibliche, nach der Ansicht des Gerichts unter 16 Jahren alte Person unsittlich angreift.

Anhang III.

(Zu § 134.)

Aufgehobene Gesetzesbestimmungen.

Sitzungsperiode und Gesetzesnummer (chapter)	Kurze Bezeichnung des Gesetzes	Umfang der Aufhebung
17 & 18 Vict. c. clxix.	The Middlesex Industrial Schools Act, 1854.	Das ganze Gesetz.
29 & 30 Vict. c. 117.	The Reformatory Schools Act, 1866.	Das ganze Gesetz.
29 & 30 Vict. c. 118.	The Industrial Schools Act, 1866.	Das ganze Gesetz.
31 & 32 Vict. c. 25.	The Industrial Schools (Ireland) Act, 1868.	Das ganze Gesetz.

Sitzungsperiode und Gesetzesnummer (chapter)	Kurze Bezeichnung des Gesetzes	Umfang der Aufhebung
31 & 32 Vict. c. 59.	The Irish Reformatory Schools Act, 1868.	Das ganze Gesetz mit Ausnahme von § 25.
33 & 34 Vict. c. 75.	The Elementary Education Act, 1870.	§§ 27 und 28. § 52 soweit er sich auf Erziehungsanstalten bezieht.
34 & 35 Vict. c. 112.	The Prevention of Crimes Act, 1871.	§ 14.
35 & 36 Vict. c. 21.	The Reformatory and Industrial Schools Acts Amendment Act, 1872.	Das ganze Gesetz.
35 & 36 Vict. c. 62.	The Education (Scotland) Act, 1872.	§ 41.
35 & 36 Vict. c. 93.	The Pawnbrokers Act, 1872.	In § 32 die Worte „unter 12 Jahren oder“
36 & 37 Vict. c. 86.	The Elementary Education Act, 1873.	§ 14.
37 & 38 Vict. c. 47.	The Prisons Authorities Act, 1874	Das ganze Gesetz.
38 & 39 Vict. c. lxxxvii.	The Middlesex Industrial Schools Act, 1875.	Das ganze Gesetz.
39 & 40 Vict. c. 79.	The Elementary Education Act, 1876.	§ 12 von „Ein Kind soll geschickt werden“ bis zu Ende. In § 13 die Worte „oder nach dem Industrial Schools Act, 1866, in eine Erziehungsanstalt“ und die Worte „oder der Industrial Schools Act, 1866“. §§ 14, 15, 16, 17.
40 & 41 Vict. c. 53.	The Prisons (Scotland) Act, 1877.	§ 67.
41 & 42 Vict. c. 40.	The Prisons Authorities Act (1874) Amendment Act, 1878.	Das ganze Gesetz.
42 & 43 Vict. c. 48.	The Elementary Education (Industrial Schools) Act, 1879.	Das ganze Gesetz.

Sitzungsperiode und Gesetzesnummer (chapter)	Kurze Bezeichnung des Gesetzes	Umfang der Aufhebung
42 & 43 Vict. c. 49.	The Summary Jurisdiction Act, 1879.	Absatz 1 des § 11 von den Worten „und wenn die jugendliche Person männlich ist" bis zum Ende des Absatzes. In § 15 die Worte „zu einer mehr als 1 Monat betragenden Gefängnisstrafe, oder".
43 & 44 Vict. c. 15.	The Industrial Schools Acts Amendment Act, 1880.	Das ganze Gesetz.
44 & 45 Vict. c. 29.	The Reformatory Institutions (Ireland) Act, 1881.	Das ganze Gesetz.
47 & 48 Vict. c. 19.	The Summary Jurisdiction over Children (Ireland) Act, 1884.	Absatz 1 des § 5 von den Worten „und wenn die jugendliche Person männlich ist" bis zum Ende des Absatzes. In § 6 die Worte „zu einer mehr als 1 Monat betragenden Gefängnisstrafe oder".
47 & 48 Vict. c. 40.	The Reformatory and Industrial Schools (Manx Children) Act, 1884.	Das ganze Gesetz.
48 & 49 Vict. c. 19.	The Industrial Schools (Ireland) Act, 1885.	Das ganze Gesetz.
48 & 49 Vict. c. 69.	The Criminal Law Amendment Act, 1885.	§ 4 von „und wenn mit Rücksicht" bis „als wenn er oder sie geschworen hätte".
54 & 55 Vict. c. 23.	The Reformatory and Industrial Schools Act, 1891.	Das ganze Gesetz.
56 & 57 Vict. c. 12.	The Day Industrial Schools (Scotland) Act, 1893.	§ 3, § 4 von „ein in Gemäßheit dieses Paragraphen ergangener Beschluß" bis zum Ende des Paragraphen. §§ 5, 6, 7. In § 8 die Worte „oder nach dem „Industrial Schools Act, 1866". § 9.

Sitzungsperiode und Gesetzesnummer (chapter)	Kurze Bezeichnung des Gesetzes.	Umfang der Aufhebung
56 & 57 Vict. c. 48.	The Reformatory Schools Act, 1893.	Das ganze Gesetz.
57 & 58 Vict. c. 33.	The Industrial Schools Acts Amendment Act, 1894.	Das ganze Gesetz.
58 & 59 Vict. c. 17.	The Reformatory and Industrial Schools (Channel IslandsChildren) Act,1895.	Das ganze Gesetz.
60 & 61 Vict. c. 57.	The Infant Life Protection Act, 1897.	Das ganze Gesetz.
62 & 63 Vict. c. 12.	The Reformatory Schools Act, 1899.	Das ganze Gesetz.
63 & 64 Vict. c. 53.	The Elementary Education Act, 1900.	§ 4.
1 Edw. 7. c. 20	The Youthful Offenders Act, 1901.	Das ganze Gesetz.
2 Edw. 7. c. 42	The Education Act, 1902.	§ 8 des 3. Anhangs bis „Elementary Education Act, 1873, und“ sowie in demselben Absatze die Worte „in zweiter Linie in diesem Paragraphen das Erziehungsdepartement und auch“.
4 Edw. 7. c. 15	The Prevention of Cruelty to Children Act, 1904.	§ 1; in § 2 Ziffer a; in § 4 die Worte „oder eine der im ersten Anhange dieses Gesetzes erwähnten Zuwiderhandlungen“ und Ziffer b. §§ 5 bis 11. In § 12 die Worte „oder wegen einer der im ersten Anhange dieses Gesetzes erwähnten Zuwiderhandlungen“. § 13. § 14. In § 15 die Worte „oder wegen einer der im ersten Anhange dieses Gesetzes erwähnten Zuwider-

Sitzungsperiode und Gesetzesnummer (chapter)	Kurze Bezeichnung des Gesetzes	Umfang der Aufhebung
		handlungen". § 16. In § 17 die Worte „oder eine der im ersten Anhange dieses Gesetzes erwähnten Zuwiderhandlungen". In § 18 die Worte „oder eine der im ersten Anhange dieses Gesetzes erwähnten Zuwiderhandlungen" sowie die Worte „oder einer der im ersten Anhange dieses Gesetzes erwähnten Zuwiderhandlungen" sowie „oder die im ersten Anhange dieses Gesetzes erwähnten Zuwiderhandlungen" sowie Absatz 2 von „und ihn wegen der Zuwiderhandlungen anklagen muß" bis zum Ende des Absatzes. § 19 von „oder wenn im Falle" bis „Entscheidung des Gerichts" und die Worte „oder Beschluß oder Urteil". § 20. § 21. In § 23 Absatz 2. § 25. § 26. § 28. In § 29 die Begriffsbestimmungen von „street", „place of safety" und „Industrial Schools Acts". In § 30 die Worte „der Sekretär für Schottland soll als „Staaatssekretär" im Sinne dieses Gesetzes gelten" und die Worte von „der Ausdruck „Gerichtshof mit summarischem Verfahren"" bis zum Ende des Paragraphen. In § 31 die Worte „der Chefsekretär soll als Staatssekretär gelten". Die Anhänge.

Sitzungsperiode und Gesetzesnummer (chapter)	Kurze Bezeichnung des Gesetzes	Umfang der Aufhebung
4 Edw. 7. c. 27	The Secretary for Scotland Act, 1904.	Das ganze Gesetz.
7 Edw. 7. c. 17	The Probation of Offenders Act, 1907.	In §1 Absatz 3 von „und wenn der Rechtsbrecher“ bis zum Ende des Absatzes. Absatz 4 des § 6 von „Im Falle“ bis zum Ende des Absatzes.
8 Edw. 7. c. XXVII.	The Edinburgh Corporation (Tramways, &) Order Confirmation Act, 1908.	Absatz 1 und 3 des § 15 des Anhangs.

Prevention of Crime Act, 1908

[8 Edw. 7. Ch. 59]

Verbrechenverhinderungs-Gesetz vom Jahre 1908.

[No. 59. Im 8. Regierungsjahre Eduard VII.]

Reihenfolge der Paragraphen.

Abschnitt I.

Besserung jugendlicher Rechtsbrecher.

Abschnitt II.

Nachhaft für Gewohnheitsverbrecher.

Abschnitt III.

Allgemeine Bestimmungen.

Gesetz No. 59.

Ein Gesetz, um besser Vorsorge zu treffen, daß Verbrechen verhindert werden und, zu diesem Behufe, um Vorsorge zu treffen, daß jugendliche Rechtsbrecher gebessert werden und Gewohnheitsverbrecher auf längere Zeit in Haft bleiben, sowie betr. andere einschlägige Zwecke[1])

[vom 21. Dezember 1908].

Abschnitt I.

Besserung jugendlicher Rechtsbrecher.

§ 1.

1. Wird jemand im Wege des ordentlichen Verfahrens (on indictment) einer mit Zuchthaus oder Gefängnis bedrohten Straftat für schuldig befunden, und scheint es dem Gericht:

a) daß der Täter nicht unter 16 und nicht über 21 Jahre alt ist, und

b) daß es im Hinblick auf seine verbrecherischen Gewohnheiten oder Neigungen oder wegen seines Verkehrs mit übelbeleumdeten Personen angezeigt ist, ihn auf so lange Zeit und mit solcher Unterweisung sowie unter solcher Disziplin einer Haft zu unterwerfen, wie es am meisten geeignet erscheint, um zu seiner Besserung und zur Verbrechensbekämpfung beizutragen,

so kann das Gericht, anstatt auf Zuchthaus oder Gefängnis, auf Strafhaft in einer Borstal-Anstalt auf die Dauer von nicht unter einem und nicht über drei Jahren erkennen.

---

[1]) s. Vambéry R., Kampf gegen das gewerbsmäßige Verbrechertum in England (Archiv für Kriminal-Anthropologie No. 32 S. 130—147). Leipzig 1908. Weidlich, Die Prevention of Crime Bill (Monatsschrift f. Kriminalpsychologie, Jahrg. 5, S. 565), Heidelberg 1908.

Das Gericht hat jedoch, ehe es solchen Beschluß faßt, jeden Bericht oder jede Vorstellung zu prüfen, welche ihm seitens der Gefängnis-Oberaufsichtsbehörde (Prison Commissioners) über die Geeignetheit des betreffenden Falles für die Behandlung in einer Borstal-Anstalt gemacht werden; auch hat es sich davon zu überführen, daß Charakter, Gesundheits- und Geisteszustand des Täters, sowie die übrigen Umstände des Falles es als wahrscheinlich erscheinen lassen, daß der Täter aus der genannten Unterweisung und Disziplin Vorteil ziehen werde.

2. Der Staatssekretär kann durch Erlaß bestimmen, daß dieser Paragraph sich auf Personen ausdehnen soll, welche anscheinend unter einem bestimmten, in dem Erlasse genannten Alter, nicht jedoch über 23 Jahre alt sind; ergeht solcher Erlaß, so tritt, solange er in Kraft ist, das von ihm genannte Alter an die Stelle von „21 Jahren".[2])

Ein solcher Erlaß darf aber erst ergehen, nachdem ein Entwurf desselben jedem Hause des Parlaments während der Parlamentssitzung an wenigstens dreißig Tagen vorgelegen hat; überreicht vor Ablauf dieser Frist eines der beiden Häuser an Seine Majestät eine Eingabe, in welcher gegen den Entwurf oder einen Teil desselben Stellung genommen wird, so darf seitens des Staatssekretärs dem Entwurf kein Fortgang gegeben werden — er kann nur einen neuen Entwurf vorlegen.

§ 2.

Wird ein Zögling einer Besserungsanstalt (reformatory school) von einem Untergericht auf Grund irgend eines Gesetzes einer Zuwiderhandlung gegen die Anstaltsordnung oder einer Anstiftung hierzu oder der Entweichung für schuldig befunden, und könnte das Gericht ihn auf Grund jenes Gesetzes zu Gefängnis verurteilen, so kann es ihn, anstatt zu Gefängnis, zur Strafhaft in einer Borstal-Anstalt für nicht weniger als ein Jahr und nicht mehr als drei Jahre verurteilen; solche Verurteilung hebt die ursprüngliche, auf Unterbringung in einer Besserungsanstalt lautende gerichtliche Entscheidung auf.

§ 3.

Findet der Staatssekretär, daß eine Person, welche auf Grund eines vor oder nach Erlaß dieses Gesetzes ergangenen Urteils eine Zuchthaus- oder Gefängnisstrafe verbüßt und welche sich innerhalb der Altersgrenze befindet, in welcher Personen in einer Borstal-Anstalt untergebracht werden können, von solcher Unterbringung Vorteil ziehen könnte, so kann er die Gefängnis-Oberaufsichtsbehörde ermächtigen, den Zögling aus der Gefangenanstalt in eine Borstal-Anstalt überführen zu lassen, um hier den ganzen Rest der Strafzeit

---

[2]) in Absatz 1 zu a).

oder einen Teil derselben zu verbüßen; solange sich der Zögling in solcher Anstalt oder mit Erlaubnisschein (on licence) außerhalb derselben aufhält, findet der vorliegende Abschnitt des Gesetzes auf ihn Anwendung, gleich als ob der Täter von vornherein zur Strafhaft in einer Borstal-Anstalt verurteilt gewesen wäre.

§ 4.

1. Zum Zwecke der Durchführung dieses Abschnitts kann der Staatssekretär Borstal-Anstalten ins Leben rufen, d. h. Anstalten, in welchen jugendliche Rechtsbrecher in Haft gehalten werden und während derselben gewerbliche Erziehung sowie andern Unterricht erhalten und solchen disziplinarischen sowie moralischen Einflüssen unterworfen werden, welche geeignet sind, zu ihrer Besserung sowie zur Bekämpfung des Verbrechens beizutragen. Er kann zu diesem Behufe mit Zustimmung des Schatzamts die Gefängnis-Oberaufsichtsbehörde ermächtigen, Grundbesitz zu erwerben oder ein Gebäude zu errichten oder solches anzukaufen oder ein ihr gehöriges oder unter ihrer Verwaltung stehendes Grundstück oder Gebäude ganz oder zum Teil dem genannten Zwecke anzupassen; die hierfür gemachten Ausgaben sollen aus vom Parlament bewilligten Geldern bestritten werden.

2. Der Staatssekretär kann für jede Borstal-Anstalt eine Dienst- und Hausordnung aufstellen, eine Aufsichtskommission einsetzen und Vorschriften für die Einteilung, Behandlung, Beschäftigung und Beaufsichtigung der Sträflinge sowie bezüglich ihrer vorläufigen Verwahrung, bis daß die Unterbringung in der Anstalt erfolgen kann, ergehen lassen; insoweit solche Vorschriften nicht ein anderes bestimmen, finden auf jede Borstal-Anstalt, gleich als wenn sie eine Gefangenanstalt wäre, die Prison Acts, 1865—1898 (einschließlich der Strafbestimmungen) sowie die zu diesen erlassenen Dienstordnungen Anwendung.

§ 5.

1. Die Gefängnis-Oberaufsichtsbehörde kann auf Grund allgemeinen Erlasses des Staatssekretärs jederzeit, nachdem ein männlicher Sträfling sechs Monate, ein weiblicher Sträfling drei Monate in einer Borstal-Anstalt zugebracht hat, und sie die Überzeugung erlangt hat, daß der Verurteilte sich wahrscheinlich straffrei halten und ein nutzbringendes und arbeitsames Leben führen wird, mittels Bewilligung eines Erlaubnisscheines (by licence) genehmigen, daß der Verurteilte aus der Anstalt unter der Bedingung vorläufig entlassen werde, daß er der Schutzaufsicht eines in dem Erlaubnisschein zu benennenden Vereins oder einer Einzelperson, welche willens sind, ihn in Fürsorge zu nehmen, unterstellt werde.

2. Der Erlaubnisschein bleibt, falls er nicht vorher widerrufen oder verwirkt wird, in Kraft, bis die im Urteil genannte Haftzeit abgelaufen ist.

3. Der Erlaubnisschein kann auf Grund allgemeinen Erlasses des Staatssekretärs jederzeit von der Gefängnis-Oberaufsichtsbehörde widerrufen werden; geschieht dies, so hat der Verurteilte in die Borstal-Anstalt zurückzukehren; tut er das nicht, so kann er ohne richterlichen Haftbefehl ergriffen und in die Anstalt zurückgebracht werden.

4. Ein mit Erlaubnisschein außerhalb der Anstalt befindlicher Verurteilter, welcher sich der Schutzaufsicht des Vereins oder der Einzelperson entzieht oder anderweit den in dem Erlaubnisschein enthaltenen Bedingungen zuwiderhandelt, hat den Erlaubnisschein verwirkt.

5. Ein Untergericht, welches für den Ort, an welchem sich die Borstal-Anstalt, aus welcher der Verurteilte mit Erlaubnisschein entlassen war, befindet, oder welches für den Ort, an welchem der Verurteilte betroffen wird, zuständig ist, kann, wenn ihm eidlich angezeigt wird, daß der Erlaubnisschein verwirkt ist, einen Haftbefehl gegen den Verurteilten erlassen. Wird der Verurteilte ergriffen, so ist er einem Untergericht vorzuführen; dieses kann nach Feststellung, daß die vorläufige Entlassung verwirkt ist, anordnen, daß er in die Borstal-Anstalt zurückgebracht und daß er, bis solches in geeigneter Weise erfolgen kann, in irgend einem Gefängnis des Bezirks des betreffenden Gerichts untergebracht werde.

6. Die Zeit des Aufenthalts des vorläufig Entlassenen außerhalb der Borstal-Anstalt rechnet als Haftzeit; nicht angerechnet aber wird die Zeit von dem Augenblicke an, wo der Verurteilte, nachdem sein Erlaubnisschein widerrufen oder verwirkt ist, es unterläßt, in die Anstalt zurückzukehren.

7. Der Staatssekretär kann die Form des Erlaubnisscheins und die Bedingungen, welche er zu enthalten hat, durch allgemeinen Erlaß vorschreiben.

§ 6.

1. Jeder zur Haft in einer Borstal-Anstalt Verurteilte verbleibt nach Ablauf der Strafzeit weitere sechs Monate unter Aufsicht der Gefängnis-Oberaufsichtsbehörde.

2. Die Gefängnis-Oberaufsichtsbehörde kann jeder unter ihrer Aufsicht stehenden Person einen Erlaubnisschein in Gemäßheit des vorhergehenden Paragraphen bewilligen; sie kann diesen Erlaubnisschein widerrufen und die Person in die Borstal-Anstalt zurückrufen. Eine so zurückgerufene Person kann in der Borstal-Anstalt für höchstens drei Monate festgehalten und jederzeit wieder mit Erlaubnisschein entlassen werden.

Dieses Zurückrufen einer Person in die Anstalt soll nur stattfinden, wenn die Gefängnis-Oberaufsichtsbehörde es zur Fürsorge für die Person für notwendig hält; sie soll auch die Person so bald als möglich, spätestens aber drei Monate nach dem Widerrufe von neuem mit Erlaubnisschein entlassen; die zurückgerufene Person darf in der

Anstalt keinesfalls nach Ablauf der erwähnten sechsmonatigen Aufsichtszeit festgehalten werden.

3. Der einer Person vor Ablauf der Strafzeit erteilte Erlaubnisschein behält seine Kraft, wenn die Person nach Ablauf der Strafzeit unter die erwähnte Aufsicht tritt; er kann in Gemäßheit des vorhergehenden Paragraphen widerrufen werden.

4. Der Staatssekretär kann jederzeit anordnen, daß die von diesem Paragraphen vorgesehene Aufsicht aufzuhören habe.

§ 7.

Berichtet die Aufsichtskommission einer Borstal-Anstalt dem Staatssekretär, daß ein Sträfling unverbesserlich sei oder daß er einen schlechten Einfluß auf die anderen Insassen der Anstalt ausübe, so kann der Staatssekretär den nicht verbüßten Rest der Haft in Gefängnis mit oder ohne harte Arbeit von einer von ihm zu bestimmenden Dauer umwandeln; die Gefängnisstrafe darf aber keinesfalls länger dauern, als der Haftrest beträgt.

§ 8.

Hat ein Verein es übernommen, aus Borstal-Anstalten vorläufig oder endgültig entlassene Personen zu betreuen oder zu beaufsichtigen, so kann ihm aus Staatsmitteln ein solcher Zuschuß unter solchen Bedingungen bewilligt werden, als der Staatssekretär mit Zustimmung des Schatzamts für angebracht hält.

§ 9.

Eine in einem Lande des Vereinigten Königreichs zur Haft in einer Borstal-Anstalt verurteilte Person kann von dem Staatssekretär (für England), dem Staatssekretär für Schottland oder dem Lord-Statthalter von Irland — je nachdem der eine oder der andere als Behörde zuständig ist — einer Borstal-Anstalt in einem andern Lande mit Zustimmung der für dieses Land zuständigen Behörde überwiesen werden.

Abschnitt II.

Nachhaft für Gewohnheitsverbrecher.

§ 10.

1. Wird eine Person im ordentlichen Verfahren wegen eines nach dem Inkrafttreten dieses Gesetzes begangenen Verbrechens verurteilt und gibt sie dann auf Befragen zu, oder wird von den Geschworenen festgestellt, daß sie ein Gewohnheitsverbrecher (habitual criminal) sei, so kann das Gericht, wenn es auf Zuchthaus (penal servitude) erkennt und der Ansicht ist, daß es wegen der verbrecherischen Ge-

wohnheiten des Täters und wegen seiner Lebensführung im Interesse der Allgemeinheit liegt, daß er eine längere Reihe von Jahren der Freiheit beraubt bleibe, durch ein zweites Erkenntnis anordnen, daß der Täter nach Beendigung der Zuchthausstrafe für eine bestimmte Zeit, welche nicht mehr als zehn und nicht weniger als fünf Jahre betragen darf, weiter in Haft behalten werde; solche Haft wird Sicherungshaft (preventive detention) genannt, und wer zu ihr verurteilt wird, gilt während der Verbüßung der Zuchthausstrafe und während der Sicherungshaft als schwerer Kriminalverbrecher (convicted of felony) im Sinne des Forfeiture Act, 1870 sowie anderer Gesetze.

2. Eine Person darf nur dann als Gewohnheitsverbrecher festgestellt werden, wenn die Geschworenen auf Grund der Beweisaufnahme finden:

a) daß der Täter seit Vollendung seines sechzehnten Jahres und vor der jetzigen Verurteilung mindestens dreimal wegen eines Verbrechens (crime) verurteilt worden ist — mögen diese Verurteilungen vor oder nach dem Inkrafttreten dieses Gesetzes erfolgt sein — und daß der Täter andauernd ein ehrloses oder verbrecherisches Leben führt; oder

b) daß er bereits bei einer früheren Verurteilung als Gewohnheitsverbrecher festgestellt und zu Sicherungshaft verurteilt worden ist.

3. Es genügt, daß in der Anklageschrift nach Anführung der Anschuldigung gesagt werde, der Täter sei ein Gewohnheitsverbrecher.

4. Im Hauptverfahren ist der Täter zunächst nur zur Anschuldigung des Verbrechens zu hören; gesteht er oder wird er von den Geschworenen für schuldig befunden, so haben die Geschworenen, falls er nicht gesteht, ein Gewohnheitsverbrecher zu sein, ferner zu prüfen, ob er ein solcher sei. Einer erneuten Beeidigung der Geschworenen bedarf es hierbei nicht.

Die Anschuldigung, ein Gewohnheitsverbrecher zu sein, darf in die Anklage nur aufgenommen werden:

a) mit Genehmigung des Leiters der Anklagebehörde (Director of Public Prosecutions) und

b) nachdem wenigstens sieben Tage zuvor dem Vorsitzenden des erkennenden Gerichtshofes und dem Täter Nachricht gegeben worden ist, daß beabsichtigt werde, solche Anschuldigung in die Anklage aufzunehmen.

5. Unbeschadet des Rechts des Angeklagten, Beweis für seine Führung und seinen Leumund anzubieten, kann das Gericht erforderlichenfalls Beweis über die Führung und den Leumund des Täters erheben, um festzustellen, ob er andauernd ein ehrloses und verbrecherisches Leben führe oder nicht.

6. Das Wort „crime“ im Sinne dieses Paragraphen hat die gleiche Bedeutung wie im Prevention of Crime Act, 1871, und die in jenem Gesetz enthaltene Begriffsbestimmung des Wortes „crime“ (wiedergegeben im Anhang zu diesem Gesetz) findet hier entsprechende Anwendung.

§ 11.

Der zur Sicherungshaft Verurteilte kann hiergegen, ungeachtet anderer Bestimmung im Criminal Appeal Act, 1907, bei dem Kriminal-Appellhof Berufung einlegen.

§ 12.

Ist eine Person vor oder nach dem Inkrafttreten dieses Gesetzes zu fünf Jahren Zuchthaus oder darüber verurteilt worden und scheint sie dem Staatssekretär ein Gewohnheitsverbrecher im Sinne dieses Gesetzes gewesen zu sein, so kann der Staatssekretär, wenn er es für richtig hält, jederzeit, nachdem die Person drei Jahre der Zuchthausstrafe verbüßt hat, den ganzen oder einen Teil des Strafrestes in Sicherungshaft umwandeln, so jedoch, daß die gesamte Strafzeit die ursprünglich erkannte Dauer der Zuchthausstrafe nicht übersteigen darf.

§ 13.

1. Das auf Sicherungshaft lautende Erkenntnis tritt unmittelbar nach Beendigung der Zuchthausstrafe in Kraft, mag die Zuchthausstrafe durch Zeitablauf beendet sein oder mag sie auf Anordnung des Staatssekretärs mit Rücksicht auf besondere Umstände des Falles oder auf die bei alleiniger Verurteilung zu Zuchthaus sonst gewöhnlich eintretende vorläufige Entlassung, früher ihr Ende erreichen.

2. Die zu Sicherungshaft verurteilten Personen verbüßen dieselbe in einer Strafanstalt oder in einem Teile einer solchen, welche der Staatssekretär hierzu bestimmt, und unterliegen (insoweit dieses Gesetz nicht ein anderes bestimmt) den zur Zeit für Zuchthaussträflinge geltenden Vorschriften, gleich als ob sie Zuchthausstrafe verbüßten.

Die für Zuchthaussträflinge und Zuchthäuser geltenden Dienst- und Hausordnungen finden auf Sicherungshäftlinge und auf die für sie bestimmten Strafanstalten oder Teile davon mit denjenigen, auf eine weniger strenge Behandlung hinzielenden Abänderungen Anwendung, welche der Staatssekretär in einer unter dem Prison Act, 1898 zu erlassenden Dienstordnung bestimmen mag.

3. Die zu Sicherungshaft Verurteilten sollen solchen erzieherischen und bessernden Einflüssen unterworfen und zu solchen Arbeiten angehalten werden, welche am meisten geeignet erscheinen, die Verurteilten in die Lage zu setzen und willens zu machen, nach der Entlassung ihren Lebensunterhalt ehrlich zu verdienen.

4. Der Staatssekretär hat für jede solche Strafanstalt oder Teil davon eine Aufsichtskommission einzusetzen, von welcher wenigstens

zwei Mitglieder Friedensrichter sind; er kann die Rechte und Pflichten der Aufsichtskommission in der erwähnten Dienstordnung niederlegen.

§ 14.

1. Der Staatssekretär hat mindestens einmal in je drei Jahren, während welcher sich eine Person in Sicherungshaft befindet, zu prüfen, ob es auf Grund ihrer Lage, ihres Lebensganges und der sonstigen Umstände angezeigt erscheint, sie vorläufig zu entlassen (place out on licence) und bejahendenfalls unter welchen Bedingungen.

2. Der Staatssekretär ist befugt, jederzeit eine in Sicherungshaft befindliche Person vorläufig zu entlassen, wenn er überzeugt ist, daß sie sich wahrscheinlich vom Verbrechen fernhalten und ein nützliches, arbeitsames Leben führen wird, oder daß sie nicht mehr imstande ist, sich auf Verbrechen einzulassen, oder daß es aus irgend einem andern Grunde angezeigt erscheint, sie aus der Haft zu entlassen.

3. Die so vorläufig entlassene Person kann auf Wohlverhalten (on probation) und unter der Bedingung entlassen werden, daß sie sich der Aufsicht und Fürsorge einer in dem Erlaubnisschein genannten, zur Übernahme des Falles bereiten Gesellschaft oder Einzelperson unterstellt, oder unter anderen Bedingungen, welche der Erlaubnisschein im einzelnen aufführen mag.

4. Die Zuchthaus-Oberaufsichtsbehörde (Directors of Convict Prisons) hat dem Staatssekretär periodisch über Führung und Fleiß der Sicherungshäftlinge sowie die Aussichten und wahrscheinliche Führung derselben nach der Entlassung zu berichten; sie wird hierbei von einer bei jeder Anstalt mit solchen Insassen eingesetzten Kommission unterstützt, welche sich aus denjenigen Mitgliedern der Aufsichtskommission und denjenigen anderen Personen des einen oder andern Geschlechts zusammensetzt, welche der Staatssekretär von Zeit zu Zeit hierzu bestimmt.

5. Jede solche Kommission hat in den vorgeschriebenen zeitlichen Zwischenräumen, welche sechs Monate nicht übersteigen dürfen, eine Sitzung abzuhalten, um mit den Sicherungshäftlingen persönliche Fühlung zu nehmen und um die zur Unterstützung der Zuchthaus-Oberaufsichtsbehörde notwendigen Berichte über die Häftlinge erstatten zu können; die Kommissionen können nach Bedürfnis auch zu anderen Zeiten zusammentreten und können über besondere Fälle besonderen Bericht erstatten.

6. Der Staatssekratär kann die Form der Erlaubnisscheine und ihren Inhalt vorschreiben.

7. Die Vorschriften betreffend die vorläufige Entlassung von Zuchthausgefangenen finden keine Anwendung auf Sicherungshäftlinge.

§ 15.

1. Die Gesellschaft oder Einzelperson, unter deren Fürsorge oder Aufsicht der vorläufig entlassene Häftling steht, hat periodisch ent-

sprechend den vom Staatssekretär erlassenen Vorschriften, diesem über die Führung und die Lage der betreffenden Person Bericht zu erstatten.

2. Eine auf Grund dieses Abschnittes bewilligte vorläufige Entlassung kann jederzeit vom Staatssekretär widerrufen werden. Geschieht dies, so hat der vorläufig Entlassene in die Strafanstalt zurückzukehren; tut er es nicht, so kann er ohne richterlichen Haftbefehl ergriffen und in die Strafanstalt zurückgebracht werden.

3. Entzieht sich der vorläufig Entlassene der Schutzaufsicht der Gesellschaft oder Einzelperson oder übertritt er die Bedingungen des Erlaubnisscheines, so hat er damit diesen verwirkt und ist in die Strafanstalt zurückzubringen.

4. Ein Untergericht, welches für den Ort, an welchem sich die Strafanstalt, aus welcher der Täter vorläufig entlassen war, befindet, oder welches für den Ort, an welchem der Täter ergriffen wird, zuständig ist, kann, wenn ihm eidlich angezeigt wird, daß der Erlaubnisschein verwirkt ist, einen Haftbefehl gegen den Täter erlassen. Wird der Täter ergriffen, so ist er einem Untergericht vorzuführen; dieses hat nach Feststellung, daß die vorläufige Entlassung verwirkt ist, anzuordnen, daß der Täter erneut in Sicherungshaft gebracht werde, und kann ihn in irgend einer Gefangenanstalt des Jurisdiktionsbezirkes so lange festsetzen lassen, bis er in der geeigneten Weise in eine für Sicherungshäftlinge bestimmte Strafanstalt oder Teil davon übergeführt werden kann.

5. Die Zeit des Aufenthalts des vorläufig Entlassenen außerhalb der Strafanstalt rechnet als Teil der Sicherungshaft; nicht angerechnet aber wird die Zeit von dem Augenblicke an, wo der Täter, nachdem der Erlaubnisschein widerrufen oder verwirkt ist, es unterläßt, in die Strafanstalt zurückzukehren.

§ 16.

Unbeschadet seiner sonstigen Befugnisse zur Haftentlassung kann der Staatssekretär jederzeit einen auf Grund dieses Abschnittes vorläufig Entlassenen endgültig entlassen; er soll es tun, nachdem fünf Jahre seit der ersten vorläufigen Entlassung verstrichen sind, und der Täter in dieser Zeit den Bedingungen des Erlaubnisscheins nachgekommen ist und sich von Straftaten ferngehalten hat.

Abschnitt III.

Allgemeines.

§ 17.

(enthält formale Sonderbestimmungen für Schottland).

§ 18.

(enthält formale Sonderbestimmungen für Irland).

§ 19.

1. Dieses Gesetz kann zitiert werden als Prevention of Crime Act, 1908.

2. Es tritt am 1. August 1909 in Kraft.

Anhang

(zu § 10).

Der Ausdruck „crime“ bedeutet für England und Irland jedes Kriminalverbrechen (felony), Münzverbrechen oder Münzvergehen, Betrug oder jedes Vergehen gegen § 58 des Larcency Act, 1861.

Probation of Offenders Act, 1907

[7 Edw. 7. Ch. 17]

and Rules

Bewährungs-Gesetz vom Jahre 1907

[No. 17. Im 7. Regierungsjahre Eduard VII.]

nebst Ausführungsbestimmungen.

Reihenfolge der Paragraphen.

Gesetz No. 17

vom 21. August 1907.

Ein Gesetz, betreffend die Befugnis, Rechtsbrecher in bestimmten Fällen mit Bewährungsfrist zu entlassen, sowie andere einschlägige Materien betreffend.[1])

§ 1.

1. Ist jemand vor einem Gericht mit summarischem Verfahren wegen einer Straftat angeklagt, deren Aburteilung zur sachlichen Zuständigkeit solchen Gerichts gehört, und hält das Gericht zwar den Angeklagten für überführt, ist jedoch der Ansicht, daß es sich mit Rücksicht auf den Charakter, das Vorleben, das Alter, die Gesundheit oder den Geisteszustand des Angeklagten oder die Geringfügigkeit der Straftat oder die mildernden Umstände bei Begehung der Tat empfiehlt, von jeder Strafe abzusehen oder nur nominell auf Strafe zu erkennen, oder daß es sich empfiehlt, dem Täter einen Strafaufschub mit Bewährungsfrist zu bewilligen, so kann das Gericht, ohne zur Aburteilung zu schreiten,

a) die Anklage fallen lassen,

b) den Angeklagten gegen die, mit oder ohne Bürgschaft einzugehende Verpflichtung bedingt gehen lassen, sich einwandfrei zu führen und während der vom Gericht festgesetzten Frist, welche drei Jahre nicht übersteigen darf, jederzeit auf Ladung behufs seiner Aburteilung und Bestrafung vor Gericht zu erscheinen.

2. Ist jemand im ordentlichen Verfahren (on indictment) eines mit Gefängnis bedrohten Vergehens für schuldig befunden, ist jedoch das Gericht der Ansicht, daß es sich mit Rücksicht auf den Charakter, das Vorleben, das Alter, die Gesundheit oder den Geisteszustand des Angeklagten oder die Geringfügigkeit der Straftat oder die mildernden Umstände bei Begehung der Tat empfiehlt, von jeder Strafe abzusehen oder nur nominell auf Strafe zu erkennen, oder daß es sich empfiehlt, dem Täter einen Strafaufschub mit Bewährungsfrist zu bewilligen, so kann das Gericht, anstatt auf Gefängnis zu erkennen,

---

[1]) 1. Mendelssohn-Bartholdy (Der Gerichtssaal Bd. 71 S. 358—377). 2. Lenz: Die anglo-amerikan. Reformbewegung im Strafrecht. Stuttgart (Enke) 1908 S. 111 ff. 3. Report of Proceedings at the 14h Conference of Discharged Prisoners' Aid Societies. 1908 London (Reformatory and Refuge Union, Victoria Street 117).

den Täter gegen die mit oder ohne Sicherheitsleistung einzugehende Verpflichtung bedingt gehen lassen, sich einwandfrei zu führen und während der vom Gericht festgesetzten Frist, welche drei Jahre nicht übersteigen darf, jederzeit auf Ladung behufs seiner Bestrafung vor Gericht zu erscheinen.

3. Das Gericht kann außerdem anordnen, daß der Täter als Entschädigung für verursachten Schaden oder entgangenen Gewinn eine bestimmte Summe zahle (welche in Fällen des summarischen Verfahrens nicht mehr als zehn Pfund betragen darf, es sei denn daß ein Gesetz in bezug auf die betreffende Straftat eine höhere Grenze festsetzt) sowie die Gerichtskosten ganz oder zum Teil trage.[1]

4. Ein auf Grund der vorstehenden Bestimmungen im summarischen Verfahren erlassener Beschluß gilt, was die Erstattung oder Rückgabe des gestohlenen Gutes oder die Befugnis des Gerichts anlangt, anzuordnen, daß dem Bestohlenen sein Gut wiedergegeben, ersetzt oder daß ihm eine bestimmte Entschädigungssumme gewährt werde, als Verurteilung.

§ 2.

1. Der Gerichtsbeschluß, welcher die erwähnte Verpflichtung[2] auferlegt, kann die Bedingung enthalten, daß der Täter während der festgesetzten Frist der Aufsicht einer in dem Beschlusse genannten Person unterstehe; er kann auch ferner Bedingungen enthalten, welche die Ausführung dieser Aufsicht gewährleisten. Ein Gerichtsbeschluß, welcher solche Bedingung enthält, wird in diesem Gesetz Bewährungsbefehl (probation order) genannt.

2. Der Gerichtsbeschluß, welcher die erwähnte Verpflichtung auferlegt, kann ferner solche Bedingungen enthalten, welche dem Gericht mit Rücksicht auf die besondere Lage des Falles angebracht erscheinen; diese Bedingungen können alle oder einzelne der folgenden Zwecke im Auge haben:

a) den Täter zu hindern, mit Dieben und anderen unerwünschten Leuten oder an unerwünschten Orten zu verkehren,
b) ihn, falls er sich des Vergehens der Trunksucht schuldig gemacht oder die Tat unter der Wirkung des Alkohols begangen hat, vom Genusse berauschender Getränke fern zu halten,
c) im allgemeinen, ihn zu einer ehrlichen und arbeitsamen Lebensführung anzuhalten.

3. Das Gericht, welches einen Bewährungsbefehl erläßt, soll dem Täter ein Schriftstück übergeben, das in einfachen Redewendungen die Bedingungen, die er zu beobachten hat, enthält.

---

[1]) Der nächste Satz, welcher eine Haftung der Eltern für Schadenersatz und Kosten vorsah, ist durch den Children Act vom Jahre 1908 verallgemeinert worden und daher durch Anhang III des Children Act aufgehoben.

[2]) für Wohlverhalten und Erscheinen auf Ladung.

§ 3.

1. Für den Bezirk eines Friedensgerichts können eine oder mehrere Personen des einen oder andern Geschlechts von der unteren Aufsichtsbehörde als Bewährungsbeamte (probation officer) angestellt werden. Diese unterstehen in bezug auf ihre dienstlichen Verpflichtungen der Aufsicht des Friedensgerichts, für dessen Bezirk sie bestellt sind.

2. Es sollen, wo es angezeigt erscheint, besondere Bewährungsbeamte als Kinder-Bewährungsbeamte bestellt werden; solche sollen, wenn nicht Gründe dagegen sprechen, stets im Bewährungsbefehl benannt werden, wenn es sich um einen Täter unter 16 Jahren handelt.

3. Der im Bewährungsbefehl benannte Bewährungsbeamte soll,

a) wenn es sich um den Beschluß eines Gerichts mit summarischem Verfahren handelt, aus der Zahl derjenigen Bewährungsbeamten genommen werden, welche für den Jurisdiktionsbezirk des betreffenden Gerichts bestellt sind,

b) wenn es sich um den Beschluß eines Schwurgerichts oder Vierteljahrsgerichts handelt, aus der Zahl derjenigen Bewährungsbeamten genommen werden, welche für den Gerichtsbezirk bestellt sind, aus welchem die Anklage herrührt.

Immerhin kann das Gericht, falls es ihm mit Rücksicht auf den Wohnsitz des Täters oder aus anderen Gründen angebracht erscheint, als Bewährungsbeamten einen solchen aus einem andern Gerichtsbezirk bestellen; es kann auch, falls besondere Umstände es wünschenswert erscheinen lassen, als Bewährungsbeamten eine Person bestimmen, welche überhaupt für keinen Bezirk als Bewährungsbeamter bestellt ist.

4. Ein für einen Gerichtsbezirk bestellter Bewährungsbeamter kann ein Gehalt beziehen, das die Behörde, welche die Kasse verwaltet, aus welcher der Gerichtssekretär für diesen Gerichtsbezirk besoldet wird, festsetzt; bezieht er kein Gehalt, so kann er für seine in Ausführung eines Bewährungsbefehls geübte Tätigkeit eine Entschädigungssumme beziehen, deren Höhe das Gericht, welches den Bewährungsbefehl erläßt, festsetzt; die Entschädigungssumme muß sich aber in den Grenzen halten, welche die Anweisung oben genannter Behörde ein für alle mal vorsieht. Er kann ferner in beiden Fällen Auslagegeld erhalten, dessen Höhengrenzen gleichfalls von genannter Behörde bestimmt sind. Gehalt oder Entschädigungssumme werden aus der erwähnten Kasse bezahlt.

5. Eine Person, welche in einem Bewährungsbefehl benannt und für keinen Gerichtsbezirk als Bewährungsbeamter bestellt ist, kann eine Entschädigungssumme und Auslagegeld in solcher Höhe und aus derjenigen Kasse beziehen, welche das den Bewährungsbefehl erlassende Gericht festsetzt; diese Summe muß sich aber innerhalb der Höchstgrenze halten, welche die Anweisung derjenigen Behörde vor-

sieht, welche die Verwaltung der Kasse hat, aus welcher die Entschädigungssumme zu zahlen ist.

6. Die in einem Bewährungsbefehl benannte Person kann jederzeit ihres Amtes enthoben werden; in diesem Falle sowie im Falle ihres Todes kann das Gericht, vor dem zu erscheinen der Täter sich verpflichtet hat, oder, falls es sich um einen bestellten Bewährungsbeamten handelt, das Gericht, das diesen bestellt hat, eine andere Person bestellen.

7. Bezüglich der Anwendung dieses Gesetzes auf das Stadtinnere und die übrigen Bezirke der Stadt London gilt das Stadtinnere sowie jeder Stadtbezirk als besonderer Gerichtsbezirk.

§ 4.

Aufgabe des Bewährungsbeamten ist es, nach Anweisung des Gerichts:

a) den Täter zu besuchen oder Bericht von ihm entgegenzunehmen, und zwar in solchen vernünftigen zeitlichen Zwischenräumen, wie sie der Bewährungsbefehl vorschreibt, oder wie sie der Bewährungsbeamte im Rahmen des Bewährungsbefehls für angebracht hält,
b) darauf zu achten, daß der Täter die Bedingungen seiner Verpflichtung innehält,
c) dem Gericht über die Aufführung des Täters zu berichten,
d) dem Täter mit Rat und Tat beizustehen, ihm ein Freund zu sein und falls erforderlich, sich zu bemühen, für ihn passende Arbeit zu finden.

§ 5.

Das Gericht, vor welchem der Täter zur Entgegennahme von Aburteilung oder Bestrafung zu erscheinen verpflichtet ist, kann auf Antrag des Bewährungsbeamten und nach Anhörung des Täters die Bedingungen der Verpflichtung ändern und auch, falls es die Überzeugung erlangt, daß das von dem Täter gezeigte Betragen eine weitere Überwachung entbehrlich erscheinen läßt, die Verpflichtung aufheben.

§ 6.

1. Gewinnt das Gericht, vor welchem der Täter zur Entgegennahme von Aburteilung oder Bestrafung zu erscheinen verpflichtet ist, oder irgend ein Gericht mit summarischem Verfahren, auf Grund einer beeideten Mitteilung die Überzeugung, daß der Täter es versäumt, den Bedingungen der eingegangenen Verpflichtung nachzukommen, so kann es einen Haftbefehl oder, wenn es ihm angebracht erscheint, anstelle eines solchen zunächst eine Vorladung an den Täter und seine Bürgen, falls solche gestellt sind, mit der Aufforderung ergehen lassen, an einem bestimmten Tage vor einem bestimmten Gericht zu erscheinen.

2. Kann der verhaftete Täter nicht alsbald vor das Gericht, vor welchem er zur Entgegennahme von Aburteilung oder Bestrafung zu

erscheinen verpflichtet ist, gestellt werden, so ist er einem Gericht mit summarischem Verfahren vorzuführen.

3. Ist das Gericht, vor welches der verhaftete Täter gebracht, oder vor welchem er auf ergangene Vorladung erschienen ist, nicht dasjenige, vor welchem er verpflichtet ist, zur Entgegennahme von Aburteilung oder Bestrafung zu erscheinen, so kann es ihn entweder in Untersuchungshaft nehmen oder ihn gegen Kaution freilassen, bis er vor das letztgenannte Gericht gebracht werden kann.

4. Ein so zur Untersuchungshaft gebrachter Täter kann während der Untersuchungshaft in irgend ein Gefängnis eingeliefert werden, in welches Gefangene vor dem zu seiner Aburteilung und Bestrafung zuständigen Gerichte eingeliefert werden können.[1]) (Ist der Täter ein Kind oder eine jugendliche Person unter 16 Jahren, so soll mit ihm bezüglich der Untersuchungshaft tunlichst gemäß den Vorschriften von § 4 Absatz 1 des Youthful Offenders Act, 1901 verfahren werden.)

5. Gewinnt das Gericht, vor welches eine Person behufs Aburteilung und Bestrafung zu erscheinen verpflichtet ist, die Überzeugung, daß sie es verabsäumt hat, irgend einer Bedingung der Verpflichtung nachzukommen, so kann es ohne weitere Beweiserhebung bezüglich ihrer Schuld zur Aburteilung oder Bestrafung wegen der ursprünglichen Straftat schreiten oder, falls der Fall ein solcher ist, daß das Gericht erster Instanz den Täter hätte gemäß § 15 des Industrial Schools Act, 1866 einer genehmigten Erziehungsanstalt überweisen können, einen solchen Beschluß ergehen lassen, falls der Täter noch zur Zeit unter 12 Jahre alt ist.

§ 7.

Der Staatssekretär kann zu diesem Gesetz Ausführungsbestimmungen erlassen, insbesondere kann er die erforderliche allgemeine Regelung betr. Anstellung, Entlassung und Entfernung von Bewährungsbeamten, die Art der Ausübung ihres Amtes, sowie die Berichte, welche sie zu erstatten haben, treffen.

§ 8.

(enthält formale Sonderbestimmungen für Schottland).

§ 9.

(enthält formale Sonderbestimmungen für Irland).

§ 10.

1. Dieses Gesetz kann zitiert werden als der Probation of Offenders Act, 1907.

2. Die im Anhang zu diesem Gesetz aufgeführten Gesetze werden in dem in Spalte 3 des Anhangs erwähnten Umfange aufgehoben.

3. Dieses Gesetz tritt am 1. Januar 1908 in Kraft.

[1]) Der nächste Satz ist aufgehoben durch Anhang III zum Children Act, 1908.

Anhang.

Aufgehobene Gesetzesbestimmungen.

Sitzungsperiode und Gesetzesnummer (chapter)	Kurze Bezeichnung des Gesetzes	Umfang der Aufhebung
42 & 43 Vict. c. 49	The Summary Jurisdiction Act, 1879	Paragraph 16.
50 & 51 Vict. c. 25	The Probation of First Offenders Act, 1887	Das ganze Gesetz.
1 Edw. 7. c. 20	The Youthful Offenders Act, 1901	Paragraph 12.

Ausführungsbestimmungen, vom 27. November 1907, erlassen vom Staatssekretär auf Grund von § 7 des Probation of Offenders Act, 1907, betr. die Anstellung, die Pflichten und die Berichterstattung der Bewährungsbeamten.

Anstellung, Verzicht und Entfernung.

1. Die Anstellung der Bewährungsbeamten für die Londoner Polizeigerichte erfolgt unmittelbar durch den Staatssekretär.

2. Die Anstellung von Bewährungsbeamten für andere Untergerichte (Petty Sessional Divisions) erfolgt durch die Richter des betreffenden Gerichts und zwar nach Stimmenmehrheit der anwesenden Richter. Zum Zwecke der Anstellung von Bewährungsbeamten oder der Verlängerung solcher Anstellung oder der Neuwahl haben die Richter eines jeden Untergerichtsbezirks auf 14 Tage zuvor ergangene Ladung einmal jährlich im Januar zusammenzutreten.

3. Jede Bestellung eines Bewährungsbeamten soll erstmalig auf nicht länger als 13 Monate erfolgen, sie kann aber vor Ablauf dieser Frist verlängert werden oder von neuem erfolgen.

4. Nachricht von jeder erfolgten Bestellung ist dem Gerichtsschreiber und dem oberen Polizeibeamten des betreffenden Bezirks zu geben.

5. Jeder Bewährungsbeamte erhält eine schriftliche Bestallung, welche bei den Beamten für die Londoner Untergerichte durch den Staatssekretär, in den übrigen Fällen von einem Berufsrichter (Stipendiary Magistrate) oder zwei Laienrichtern (Justices) gezeichnet wird.

6. Ein Bewährungsbeamter kann auf sein Amt, nach mindest einmonatiger seinerseits vorhergegangenen schriftlichen Kündigung, verzichten.

7. Ein Bewährungsbeamter kann wegen schlechter Aufführung ohne Kündigung entlassen werden. Doch kann in der Bestallung ausgemacht werden, daß der Entlassung einmonatige Kündigung seitens der Anstellungsbehörde vorherzugehen hat.

Pflichten.

8. Ein Bewährungsbeamter, der die Aufsicht über einen Rechtsbrecher ausübt, hat diesen gemäß den Anordnungen, welche seitens des Gerichts in dem Bewährungsbefehl oder anderweit ergangen sind, zu besuchen und sich über sein Betragen, seine Lebensführung und Beschäftigung zu unterrichten. Diese Besuche haben während des ersten Monats häufig, wenigstens einmal wöchentlich, stattzufinden, es sei denn, daß das Gericht ausdrücklich ein anderes bestimmt; späterhin hängt die Zahl der Besuche von dem Betragen und der Lebensführung des Rechtsbrechers ab.

9. Hat das Gericht angeordnet, daß der Rechtsbrecher den Bewährungsbeamten zu besuchen habe, so hat dieser den Ort zu bestimmen, an welchem er dem Besuche entgegensieht: dieser Ort darf kein Gerichts- oder Polizeilokal sein.

10. Handelt es sich um Schulkinder, so hat der Bewährungsbeamte die betreffende Schule aufzusuchen und sich bei dem Hauptlehrer nach Führung und Fortschritt des Kindes zu erkundigen.

11. Der Bewährungsbeamte soll sich versichern, daß der Rechtsbrecher die Bedingungen der Verpflichtung verstanden hat, er soll sich bemühen, ihn durch Warnen und Zureden dahin zu bringen, daß er diese Bedingungen erfülle. Erfüllt sie der Rechtsbrecher gleichwohl nicht, so hat der Bewährungsbeamte hierüber, wie weiter unten vorgeschrieben ist, zu berichten.

12. Der Bewährungsbeamte soll, wo es jeweils angezeigt ist, den Rechtsbrecher beraten, betreuen und ihm zur Seite stehen, auch falls es erforderlich, sich bemühen, ihm Arbeit zu verschaffen.

13. Ein Bewährungsbeamter soll keine Uniform noch ein äußeres Abzeichen seines Amtes tragen; ist er Polizeibeamter, so soll er während seines Dienstes als Bewährungsbeamter seine Uniform nicht tragen.

14. Jeder Bewährungsbeamte hat sich mit den Vorschriften des Bewährungsgesetzes vom Jahre 1907 sowie dieser dazu ergangenen Ausführungsbestimmungen vertraut zu machen.

Berichterstattung.

15. Der Bewährungsbeamte hat über das Betragen, die Lebensführung und die Befolgung der Bedingungen der Verpflichtung durch den Rechtsbrecher zu berichten; das Gericht, welches den Bewährungsbefehl erlassen hat, bestimmt, wem, wie oft, in welcher Weise zu berichten ist. Hat ein Schwurgericht oder Vierteljahresgericht den Bewährungsbefehl erlassen, so werden, während das Gericht nicht tagt, die betreffenden Bestimmungen von dem Gerichtsvorsitzenden oder seinem Vertreter erlassen. Sind keinerlei Bestimmungen getroffen worden, so hat der Bewährungsbeamte von Zeit zu Zeit schriftlich an die Friedensrichter des Gerichts, das ihn bestellt hat, zu berichten.

16. Kommt der Rechtsbrecher einer der Bedingungen seiner Verpflichtung nicht nach, so hat der Bewährungsbeamte hiervon dem

Gerichte, vor welchem der Rechtsbrecher infolge seiner Verpflichtung behufs Aburteilung und Bestrafung zu erscheinen hat, Anzeige zu machen, falls dieses Gericht zur Zeit oder demnächst tagt. Ist dies nicht der Fall, so hat er gemäß den Vorschriften des Gerichts, welches den Bewährungsbefehl erlassen hat, seinen Bericht an dasjenige Untergericht (Court of Summary Jurisdiction for the Petty Sessional Division) zu richten, für dessen Bezirk er zum Bewährungsbeamten bestellt ist.

17. Die Berichte an das Gericht sind, je nach Anordnung des Gerichts, mündlich oder schriftlich zu erstatten. Sie sollen, falls das Gericht nicht ein anderes ausdrücklich anordnet, weder in öffentlicher Gerichtssitzung erfolgen noch veröffentlicht werden.

18. Der Bewährungsbeamte hat alljährlich im Januar dem Gerichte, für dessen Bezirk er bestellt ist, einen Bericht zu erstatten, welcher die folgenden Einzelheiten bezüglich aller von ihm im letzten Jahre behandelten Fälle enthält; eine Abschrift hiervon geht seitens des Gerichts vor Ende Februar an den Staatssekretär des Innern:

Name u. Geschlecht des Rechtsbrechers. Gericht des Bewährungsbefehls. Straftat. Datum und Dauer des Bewährungsbefehls	Besondere Bedingungen (falls solche im Befehle getroffen)	Führung während der Bewährungsfrist	Beschäftigung und (bei Schulkindern) Schulbesuch während der Bewährungsfrist	Ergebnis
				[z.B.: Vollkommen befriedigend während Bewährungsfrist, oder Bewährungsfrist verlängert, oder dem Gericht wegen schlechten Verhaltens zugeführt.

Andere (nicht Bewährungsbeamte) in Bewährungsbefehlen benannte Personen.

19. Eine vom Gericht in einem Bewährungsbefehl benannte Person, die nicht Bewährungbeamter ist, hat die vorbenannten Vorschriften zu 8 bis 18, inwieweit sie jeweils zutreffen, zu beobachten und den unter 18 vorgeschriebenen Bericht dem Gerichte, das den Bewährungsbefehl erlassen hat, falls dieser aber von einem Schwurgericht oder Vierteljahresgericht erlassen ist, dem Untergerichte einzureichen, welches den Rechtsbrecher dem genannten Gericht zur Aburteilung überwiesen hat.

Druck von Leonhard Simion Nf. in Berlin SW.

FSC
www.fsc.org
MIX
Papier | Fördert
gute Waldnutzung
FSC® C083411

Kolibri 360 GmbH
Ferdinand-Jühlke-Straße 7
99095 Erfurt, Deutschland
produktsicherheit@kolibri360.de